MAINE
VERMONT
NEW HAMPSHIRE
MASSACHUSETTS
RHODE ISLAND
NEW YORK
CONNECTICUT
MINNESOTA
WISCONSIN
MICHIGAN
NEW JERSEY
PENNSYLVANIA
IOWA
OHIO
INDIANA
MARYLAND
DELAWARE
ILLINOIS
WEST VIRGINIA
KANSAS
VIRGINIA
MISSOURI
KENTUCKY
NORTH CAROLINA
TENNESSEE
OKLAHOMA
SOUTH CAROLINA
ARKANSAS
GEORGIA
ALABAMA
MISSISSIPPI
LOUISIANA
FLORIDA

TRAUMZIEL AMERIKA

INDIANERLAND

Wir sind das schöne volk
furchtlos durchstreifen wir die großen ebenen
in unseren tagen hat uns das land einssein gelehrt
wir allein atmen mit den flüssen
wir allein hören den gesang der steine

Lance Henson

Montana: Morgenstimmung am Missouri, dem größten Nebenfluß des Mississippi.

Friedlich grasende Bisons, die in den USA «buffalos» (Büffel) genannt werden, im Yellowstone National Park, Wyoming.

Für ein Pow-wow, ein großes indianisches Fest, werden Tipis in der Prärie von Montana aufgestellt.

EDITION USA

INDIANERLAND

DAKOTA · WYOMING · MONTANA

Fotos Christian Heeb
Text Friedrich W. Horlacher
Matthias Michael

BUCHER

INHALT

PLANEN · REISEN · GENIESSEN

Großer Reiseführer von *Matthias Michael* mit praktischen Tips für einen erlebnisreichen Urlaub und vielen Informationen über die touristischen Highlights in Dakota, Montana und Wyoming. Mit fünf Farbkarten.

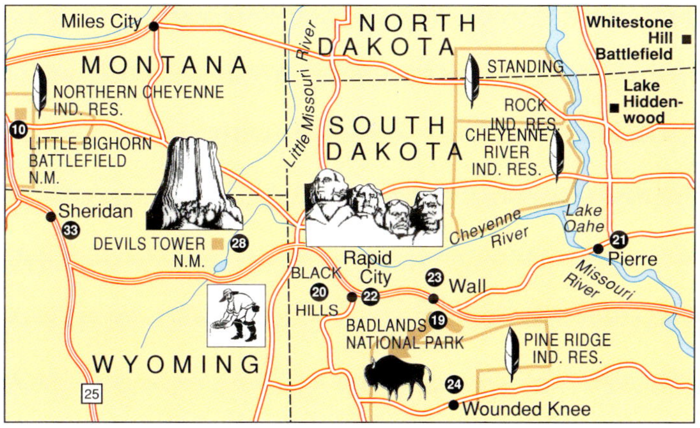

Links: Grandiose Gebirgslandschaft Montanas.
Mitte: Lake Sherburne im Glacier National Park.
Rechts: Im Theodore Roosevelt National Park.

Der Snake River vor der gewaltigen Kulisse des Teton-Gebirges im Grand Teton National Park, Wyoming.

Auf dem Mountain Man Rendezvous in Red Lodge, Montana, fühlt man sich in die Zeit der Trapper und Fallensteller versetzt.

DIE HEIMAT DER GROSSEN REITERSTÄMME

Zur Crow Fair kommen verschiedenste Indianerstämme auf die Crow-Reservation im Süden Montanas. Im Bild Pete Fee, ein Iowa-Indianer, mit traditioneller Gesichtsbemalung.

DIE UNENDLICHKEIT DES RAUMES

Indianerland – das sind die heutigen US-Bundesstaaten North und South Dakota, Wyoming und Montana, ein Gebiet von über einer Million Quadratkilometern. Dort, in der Großen Ebene zwischen Missouri und Rocky Mountains, ist die Heimat der reitenden Indianerstämme.

Am besten charakterisiert das Indianerland die schiere Unendlichkeit des Raumes. Dieser vorherrschende Eindruck im zentralen Nordwesten wird noch verstärkt durch die Topographie, die der von Osten nach Westen Reisende geradezu physisch erfährt. Nachdem er seit einer kleinen Ewigkeit die baumlose Ebene des Mississippibeckens und die «Prairie Plains» im östlichen Dakota durchquert hat – bei Hitze und gleißendem Sonnenlicht, das dem Highway in der Ferne flimmernde Konturen und den Augenlidern hinter der Windschutzscheibe eine bleierne Schwere verleiht –, sieht er sich fast unvermittelt von einer Landschaftsterrasse zur nächsten gehoben. Das Sonnenlicht bleibt das gleiche, die Baumlosigkeit ebenso, nur atmen läßt sich's leichter, und die Hitze wird erträglicher. Der Reisende hat die «Great Plains», die Große Ebene, erklommen und damit eine magische Klimagrenze überschritten, die irgendwo zwischen dem 98. und 100. Längengrad liegt. Ehe der Pflug des weißen Mannes das Antlitz der Erde hier veränderte, hatte sie der Übergang von der Langgras- zur Kurzgrasprärie markiert. Westlich von dieser nun unsichtbaren Grenze sinkt die durchschnittliche Niederschlagsmenge unter 510 Millimeter jährlich; die Winter mit ihren eisigen Winden aus nördlicher Richtung sind kalt, die Sommer heiß und durchsetzt von gewaltigen Gewitter- und Hagelstürmen.

Beim Anblick des sanft gewellten Landes und des im ewigen Wind wogenden Grases drängte sich den Schriftstellern des 19. Jahrhunderts immer wieder der Vergleich mit dem Meer auf. Schon die nach Westen rollenden Planwagen erinnerten an Segelschiffe und hießen im Volksmund bald auch «Prärieschoner». Den Reisenden von heute mögen angesichts der sich rhythmisch wiegenden Getreidefelder ähnliche Gedanken befallen. Daß die Einförmigkeit der Landschaft nicht zur Eintönigkeit gerät, verhindern neben dem unablässig wechselnden Licht eigenartige Erhebungen, die steil und scheinbar unmotiviert aus der Ebene in den klaren Himmel ragen. Die ersten Weißen der Region, die Franzosen, nannten sie *buttes*, was die Amerikaner übernahmen, weil im Englischen *hill* «zu niedrig» und *mountain* «zu hoch» war. Landschaftliche Akzente setzen aber auch von Bäumen und Gesträuch gesäumte Wasserläufe, bizarre, durch Erosion entstandene Erd- und Gesteinsformationen wie die der Badlands in South Dakota und Mittelgebirgslandschaften wie die Black Hills.

So plötzlich wie die Große Ebene um den 98. Längengrad herum beginnt, so abrupt endet sie an den sich auftürmenden Rocky Mountains. Die Linie des Übergangs verläuft von Denver, Colorado, in nordnordwestlicher

Louella Johnson im glanzvollsten Staat auf einer Vormittagsparade der Crow Fair. Diese Paraden wurden im Lauf der Zeit immer größer und wichtiger. Ein Zeichen, daß das indianische Selbstbewußtsein gewachsen ist.

Alljährlich im Juli halten die Blackfoot-Indianer in Browning, Montana, die North American Indian Days ab. Höhepunkte des viertägigen Treffens sind die Tanzwettbewerbe und -feste, an denen auch dieser junge Blackfoot teilnimmt.

Richtung und teilt Wyoming topographisch im Verhältnis zwei zu eins in Berge im Westen und Ebene im Osten, während für Montana das umgekehrte Verhältnis gilt.

Die Rocky Mountains, die in Wyoming mit mehreren Viertausendern aufwarten, bestehen aus einer Reihe von imposanten Gebirgszügen, die überwiegend in nord-südlicher Richtung verlaufen und durch zum Teil üppige Ebenen oder Täler voneinander getrennt sind. Die tieferen Lagen der Gebirge sind bedeckt von ausgedehnten Kiefern- und Tannenwäldern, in denen Reh, Hirsch, Elch, Braunbär und – vereinzelt noch – der Grizzly beheimatet sind. Charakteristische Ökosysteme der Hochlagen sind Tundra, Fels und Gletscher; Wüste findet sich in Teilen des Big Horn Basin sowie im Great Divide Basin und dessen Umgebung. Letzteres stellt übrigens noch in anderer Hinsicht eine geophysische Kuriosität dar: Während die sich durch West-Wyoming und Montana windende kontinentale Wasserscheide eine klare Trennlinie zieht und die dortigen Flußsysteme sich entweder in den Pazifik oder in den Golf von Mexiko beziehungsweise die Hudsonbai entleeren, teilt sie sich im südlichen Zentral-Wyoming vorübergehend und folgt den beiden Rändern eines riesigen Beckens, in dem das spärlich anfallende Wasser offenbar spurlos versickert. Zu den spektakulärsten Landschaften dieser grandiosen Bergwelt zählen die Teton und die Bighorn Mountains sowie die Yellowstone Region in Wyoming.

In den vier Bundesstaaten leben heute nur 2,6 Millionen Menschen; damit zählt die Region zu den am dünnsten besiedelten Gebieten der USA – nur der Wüstenstaat Nevada weist noch weniger Einwohner pro Quadratkilometer auf –, dann folgt Wyoming mit seiner Gesamtbevölkerung von etwa 500 000. Die Mehrzahl der Einwohner lebt auf dem Land oder in Kleinstädten. Die wenigen größeren Städte entwickelten sich aus Eisenbahnknotenpunkten, aus Markt- und Versorgungszentren für Vieh-,

Two Hatchet vom Stamm der Kiowa-Indianer (Foto von 1898).

Für die Kinder, die in Städten leben und weiße Schulen besuchen, sind die großen indianischen Feste eine besonders wichtige Erfahrung: Tragen sie doch hier oft zum ersten Mal prächtige indianische Kleidung, sehen alte Tänze und Riten und lernen, auf ihre Zugehörigkeit zur indianischen Nation stolz zu sein.

Land- und Forstwirtschaft oder aus Bergbau-Camps. Aber selbst die größten, Sioux Falls in South Dakota (ca. 85 000 Einwohner) und Billings (ca. 70 000) Einwohner) in Montana, haben es nie zur Großstadt gebracht. Streckenweise scheint es, als verlören sich die menschlichen Habitate in der Unendlichkeit des Raumes – wären da nicht die schlanken Getreidesilos, die futuristisch anmutenden Wassertürme und die wasserfördernden Windräder, mit denen sie sich schon von weitem sichtbar ankündigen.

Kill Spotted Horse, ein Assiniboin-Krieger (Foto von 1898).

DAS LAND DER INDIANER

Um die Wende zum 19. Jahrhundert war die Region Lebensraum von über zwei Dutzend indianischen Nationen, darunter mehrere Sioux-Stämme, die Yanktons, Arikaras, Hidatsas, Mandans, Cheyennes, Arapahoes, Comanches, Shoshones, Crows, Assiniboines, Ojibwas, Crees, Gros Ventres, Blackfeet und Flatheads. Nur wenige waren ursprünglich hier beheimatet: Die Cheyennes hatten Ackerbau am oberen Missouri betrieben, während Ojibwas, Crees und Blackfeet als Jäger in den Waldgebieten des Ostens, die Commanches und Shoshones auf den kargen Hochplateaus westlich der Rocky Mountains gelebt hatten. Die Sioux und die Crows waren ursprünglich seßhafte Präriebauern gewesen, die teilweise dem Druck nach Westen drängender weißer Siedler hatten weichen müssen, teilweise aber auch freiwillig ihre traditionellen Lebensformen aufgegeben hatten: Das Pferd, das die spanischen Konquistadoren in die sogenannte Neue Welt gebracht hatten, war in ihr Dasein getreten und eröffnete neue Chancen bei der Jagd auf den Bison. Also hatte man sich bald nach 1700 auf der nördlichen Großen Ebene eingefunden und mit den eingesessenen Mandans, Hidatsas und ein paar anderen Stämmen eine den natürlichen und materiellen Gegebenheiten angepaßte Gesellschaftsform entwickelt, die auf Jagd, Krieg und Raub beruhte.

Fortsetzung Seite 24

INDIANISCHE KUNST UND KULTUR

Das künstlerische Schaffen stand bei den Indianern stets in engem Zusammenhang mit ihrer Umwelt, Lebensweise und den zur Verfügung stehenden Materialien; häufig waren Kunstgegenstände auch Alltagsgegenstände und umgekehrt.

Im Leben der Indianer haben *Tänze* immer einen großen Raum eingenommen: Es gibt mehr als ein Dutzend, die sich im Gesang, im Takt der Trommelschläge und den Schrittfolgen unterscheiden. Mit dem Büffeltanz etwa wollten die Indianer die Bisons anlocken. Ein solcher, vom Häuptling befohlener Tanz konnte mehrere Wochen lang dauern; wer zusammenbrach, wurde ausgewechselt. Mit dem «sundance» (Sonnentanz) dankten die Indianer in der letzten Nacht vor dem Aufbruch in die sommerlichen Jagdgebiete für den überstandenen Winter und baten um Mut und Kraft für das bevorstehende Jahr. In einem großen Feuer wurden die Kleider und Gegenstände der im Winter Verstorbenen

Kriegstanz der Sioux (R. Cronau, 1870).

Die geräumige Hütte eines Mandan-Häuptlings (Gemälde von Carl Bodmer, 1833).

verbrannt. Die Toten wurden in der Nähe der Dörfer auf Holzgerüsten oder Bäumen beigesetzt. Bei manchen Stämmen schoren sich Angehörige der Toten aus Trauer die Haare. Bei Frauen kam es auch zu blutigen Ritualen: Als Zeichen des Schmerzes fügten sie sich selbst zahlreiche tiefe Schnitte zu. Die Stämme der Nordwestküste sind für ihre kunstvoll bemalten Totempfähle berühmt.

Vor einer Feier oder rituellen Handlung reinigten sich die Indianer in einer *Schwitzhütte.* In der Mitte lagen heiße Steine, die man mit Wasser bespritzte. Das Schwitzen und Beten im heißen Dampf diente sowohl der körperlichen als auch der seelischen Reinigung.

Die Kleider für Feiern und besondere Anlässe verzierten die Indianer mit Nähereien, Stickereien und *Schmuck.* Die häufigste Verzierung ihrer «Staatskleider» bildeten die Stacheln des Stachelschweins. Anderer Schmuck symbolisierte einen bestimmten Status: Ein Halsband aus Bärenkrallen war Attribut für einen hervorragenden Jäger, die Kappe aus Bisonhörnern und Adlerfedern sollte den besonderen kämpferischen Mut und Einsatz des Kriegers zeigen. Als Zierat wurden Lederriemen, Pferde- und Menschenhaare, Wapitizähne, Knochen, Vogelschnäbel, Muscheln und später auch Metallapplikationen und Perlenstickereien verwendet.

Das Calumet, ein mit Federschmuck und Verzierungen versehener Holzstab, hat große symbolische Bedeutung bei den Indianern. Ein Calumet-Paar versinnbildlicht Himmel, Mond, Nacht und Frieden, sowie Erde, Krieg, Tag und Sonne. Die Calumet-Zeremonie, bei der in langen Gesängen die Naturkräfte angebetet werden, hatte früher die Aufgabe, zerstrittene Stämme wieder zusammenzuführen und Frieden zu stiften. Heute werden Friedenspfeifen als Calumet bezeichnet.

Zu den Musikinstrumenten der Indianer gehörten Rasseln, Trommeln, Pfeifen, Flöten und Lauten. Mit Pfeifen gaben Häuptlinge vormals Zeichen für Angriff oder Rückzug. Flötenlieder wurden von jungen Männern als Liebeswerbung eingesetzt.

Durch den großen Bedarf an Werkzeugen, Waffen und Geräten entwickelten sich Handwerk und künstlerische Gestaltung. Im gesamten Bereich der Prärie und der Plains findet man die Kunst der Fellmalerei. Umhänge und Roben aus Bison-, Elch- und Hirschfellen wurden mit stammesgeschichtlichen, religiös-symbolischen oder Historienmalereien versehen. Die Stammesältesten wachten darüber, daß gemalte Geschichten über Heldentaten aus dem Kriegs- oder Jagdleben auch der Wahrheit entsprachen. Die Zeltfelle wurden kunstvoll mit Naturphänomenen und mit Träumen und Visionen der Bewohner bemalt, um ihnen Schutz gegen Krankheiten und Schicksalsschläge zu bieten. Charakteristisch für die Bemalungen der Indianer ist ihre Vorliebe, den Raum ganz auszufüllen. Deshalb zeichneten die Künstler Tiere oft mitsamt ihrem Knochenbau.

Die Flechtkunst ist besonders im Südwesten der USA hoch entwickelt. Während die Männer auf der Jagd waren, hatten die Frauen Zeit für kunstvolle Techniken der Schilf-, Bast-, Binsen-, Weiden- und Wurzelfaserverarbeitung zur Herstellung von Körben, Matten, Kleidungsteilen und Zierat. Auch die Töpferei hat eine Vielzahl von Stilen und reichen Verzierungen hervorgebracht, die teilweise noch heute benutzt werden. Geformt wurden die Gefäße früher aus einem Tonklumpen. Zickzacklinien und Fischgrätenmuster wurden in den weichen, oft mit Schnüren angerauhten Ton geritzt. Die Gefäße dienten zum Rösten von Samen, Kochen, Aufbewahren von Lebensmitteln und Wasserholen.

Matthias Michael

Zu den North American Indian Days in Browning reisen viele Indianer von weit her: Joe Saenz, der zum Stamm der Yaquí in Mexiko gehört, aber in Alaska lebt, präsentiert sich hier mit Adlerfedern und Adlerkralle, Zeichen des mutigen Kriegers.

Wie man an dem prächtigen Kopfschmuck sehen kann, ist Ivan Small ein sehr angesehener Teilnehmer der Crow Fair.

Der Little Missouri River durchzieht den zerklüfteten Norden des Theodore Roosevelt National Park, North Dakota.

Pferd und Reiterin vor der großen Parade auf der Crow Fair, bei der es Preise für das schönste Festgewand und das am besten geschmückte Pferd gibt.

Für die Kinder ist die große indianische Gemeinschaft auf Festen ein besonderer Spaß. Früher wurden indianische Kinder nie von einer bestimmten Familie, sondern immer vom ganzen Stamm betreut und erzogen.

Obwohl sprachlich zwischen den einzelnen Nationen geradezu babylonische Verhältnisse herrschten, brachten Lebensbedingungen und Lebensweise ähnliche Wertvorstellungen, Glaubensinhalte, Rituale und Verhaltensnormen mit sich. Es entstand eine Reiterkultur, die das Pferd als eine besondere Gabe des Großen Geistes begriff und sich um 1770 durchgesetzt hatte. Ihr Kommunikationsmedium war eine Zeichensprache, die differenzierte Verständigung ermöglichte. Augenzeugen berichten von oft stundenlangen lebhaften «Gesprächen» zwischen Indianern, bei denen kaum ein Wort fiel.

In der Zeit vor der Verbreitung des Pferdes mußten die büffeljagenden Indianer sich darauf beschränken, zu beten und zu warten, bis die Herden kamen. Blieben diese aus, herrschte Not, denn der Bison bedeutete Nahrung sowie Rohstoff für Kleidung, Behausung, Wärme, Waffen und Werkzeug. Die mit dem Pferd gewonnene Mobilität ermöglichte nun die Verfolgung der Büffelherden über weite Entfernungen, und unter Ausnutzung der Schnelligkeit und Wendigkeit der Reittiere konnten nun effizientere Jagdmethoden entwickelt werden.

Der neuen Lebensweise opferte man – wenn auch gewiß nicht widerstrebend – vor allem den Ackerbau. Halbnomaden wurden zu Nomaden, und oft genug kamen sich dabei verschiedene Stämme in die Quere. Chancengleichheit als moralisches Prinzip spielte keine Rolle, und irgendein Rechtsbegriff, der Landbesitz geregelt hätte, existierte auch nicht. Daraus konnten sogar Erbfeindschaften entstehen, wie jene zwischen den Crows und den Blackfeet, die sich gegenseitig dezimierten, wo immer sich dazu Gelegenheit bot.

Eine der wichtigsten Erscheinungen dieser Kultur war das Tipi («tepee»), ein schlankes konisches Zelt, das aus einem Stangengerüst und einer Abdeckung aus Büffelhäuten bestand. Mit dem Tipi war man ungebunden, denn es ließ sich jederzeit und überall schnell und problemlos auf- und abbauen. Transportiert wurde es wie alle Habseligkeiten auf einer Art Tragschlitten («travois») aus Zeltstangen, der von einem Pferd oder einem Hund gezogen wurde. Lediglich die Mandans hatten am oberen Missouri in der Nähe des heutigen Bismarck, North Dakota, schon feste Dörfer aus Erdhütten. Von ihnen berichtete der frankokanadische Entdecker Sieur de la Vérendrye 1738 verwundert, sie verfügten über Mais, Fleisch, Fett, gegerbte Büffelhäute und Bärenfelle, aber auch über Waren europäischer Herkunft. Sie blieben Halbnomaden und kehrten nach den sommerlichen Jagdzügen in ihre Dörfer zurück. Ihren Bedarf an Bisons deckten sie nötigenfalls durch Tauschhandel mit den Cheyennes und anderen Stämmen.

Bei Nomaden und Halbnomaden galt Mut als die höchste Tugend. Ihre Riten zeugen davon: So stellte der Sonnentanz der Hidatsas eine symbolische Rekonstruktion der heroischen Vergangenheit ihrer Nation dar. Das *Okipa*

Das Tipi, schnell auf- und abzubauen und mit dem Pferd mühelos auch über weite Strecken zu transportieren, ermöglichte den Prärie-Indianern ihr ungebundenes Leben.

Orlando Calling Last vom Stamm der Blood-Indianer vor seinem Tipi auf den North American Indian Days in Browning, Montana.

Ob die Büffel kamen oder nicht, konnte in einem harten Winter über das Überleben eines ganzen Stammes entscheiden. Deshalb wurde dieses Tier in vielen Riten verehrt und «gerufen» und gehörte zu den häufigsten Motiven auf den Tipis.

der Mandans sollte das Wohlwollen der Geister beschwören, war zugleich aber auch ein Initiationsritus, in dem Mut und Leidensfähigkeit junger Krieger auf die Probe gestellt wurden. Generell waren Marter, rituelle Selbstverstümmelung und Askese bei allen Indianern der nördlichen Großen Ebene von zentraler Bedeutung.

Neben der Jagd war der Krieg die wichtigste Beschäftigung dieser reitenden Völker. Aber kriegerische Handlungen des einzelnen, einer Gruppe oder einer Nation dienten in der Regel nicht der Durchsetzung territorialer Ansprüche, es ging vielmehr um persönliche und kollektive Ehre oder die Erbeutung von Pferden. Siege hoben das Selbstwertgefühl und brachten Ansehen und Achtung innerhalb der Gemeinschaft und für die Gemeinschaft.

Als besonders statusfördernd für den einzelnen galten «coups», deren Zahl mit Hilfe des gefiederten Kopfschmucks sorgfältig registriert wurde. Um einen Coup zu landen, mußte ein Feind mit der Hand oder mit einem kurzen Stab berührt werden. Oft mußte man dazu mitten in ein schwerbewaffnetes gegnerisches Kommando galoppieren. Damit erntete ein Indianer mehr Ruhm als mit einem halben Dutzend Skalps, besonders wenn er dann auch noch ein fremdes Pferd mitbrachte.

Viele Weiße hatten ihre Probleme mit solchen Verhaltensweisen. Prärie-Indianer galten generell als kriegerisch, listig, heimtückisch, grausam und feindselig gegenüber den Brüdern des Großen Weißen Vaters in Washington. Unser besseres Wissen um die Reitervölker am oberen Missouri verdanken wir neben dem «Zigeunerprinz» genannten württembergischen Herzog Paul Wilhelm nicht zuletzt dem Naturforscher Maximilian Prinz zu Wied, der 1832 bis 1834, begleitet von dem eidgenössischen Maler Carl Bodmer, die Region bereiste. Die Hosen, die Maximilian trug, beschrieben altgediente Profis an der Pelzfront als die schmuddeligsten im ganzen Land, und sie hatten Respekt vor den Zornesausbrüchen des Prinzen und seinem riesigen Repertoire an Flüchen. Gleichwohl hinterließ er eine zweibändige «Reise in das innere Nordamerika» (veröffentlicht 1839/1841), zu der Bodmer eine Bilddokumentation von unschätzbarem Wert beisteuerte.

Diesen Quellen zufolge verdienten die Indianer der nördlichen Ebene eine bessere Presse als sie hatten, denn die Europäer erfuhren reichlich Gastfreundschaft, verspürten selten Feindseligkeit, beobachteten keine Greueltaten und fanden nicht die geringste Spur von Kannibalismus. Doch Aspekte der fremden Kultur wie religiöse Observanzen, Praktiken des Schenkens, Gattentausch, sexuelle Freizügigkeit und Nudismus wurden nicht verstanden, weil die mitgebrachten christlich-abendländischen Wertvorstellungen den Blick für die Wahrheit verstellten. Dies scheint symptomatisch für die an Vorurteilen und Mißverständnissen reiche Geschichte der Beziehungen zwischen Weißen und Indianern.

Früher waren die Tipis aus gegerbten Büffelfellen, heute sind sie meist aus Leinwand; durch die Stoffklappe oben links kann der Rauch entweichen.

Während die Frauen für die Kleidung und das Gerben des Leders verantwortlich waren, war das Bemalen des Tipis immer Männersache.

DIE EROBERUNG DES WESTENS

Das einstige Indianerland ist für die meisten Nachfahren der Prärie-Indianer allenfalls eine sentimentale Erinnerung, für manche ein Treppenwitz der Geschichte. Die Mandans wurden 1837 von einer Pockenepidemie, die mit einem Dampfschiff der American Fur Company den Missouri heraufkam, ausgelöscht. Die anderen Völker verloren in dem Maße ihre Existenzgrundlage, in dem der Bison dem weißen Mann weichen mußte. Weil sie sich darauf eingelassen hatten, Engländer, Franzosen und Amerikaner mit Büffelhäuten und Pelzen zu beliefern und mit Hilfe von Feuerwaffen und Eisengerät höhere Stückzahlen zu erzielen waren, gerieten sie mehr und mehr in Abhängigkeit von den Weißen. Indianer hatten nie gelernt, Feuerwaffen zu reparieren, weil sie deren Mechanik nicht verstanden; sie hatten nicht gelernt, Pulver herzustellen, Eisen zu gewinnen, es zu schmieden und zu härten. Zur Abhängigkeit kamen Alkoholismus und eingeschleppte Seuchen, die auf Dauer einen demoralisierenden Effekt hatten. Das Schicksal der indianischen Völker am oberen Missouri wurde mehr und mehr vom weißen, sich nach Westen ausdehnenden Amerika bestimmt.

Die nördliche Große Ebene war bis in die zweite Hälfte des 19. Jahrhunderts hinein für weiße Siedler nur Transitstrecke. Ziele der Trecks waren Kalifornien und Oregon. Dennoch mehrten sich um 1850 die Irritationen zwischen Prärie-Indianern und durchziehenden Siedlern, weil letztere Büffelherden vertrieben oder wahllos dezimierten. Eine Entkrampfung der Lage sollte eine Konferenz in der Nähe von Fort Laramie bringen, zu der Washington 1851 eingeladen hatte. Es erschienen mehr als 10 000 Vertreter aller betroffenen Nationen, denen man eine Sicherheitsgarantie für den Oregon Trail abhandelte. Als Gegenleistung wurde jeder Nation ein bestimmtes Gebiet nördlich oder südlich des Trails als Jagdgebiet zugesprochen, dessen jeweilige Grenzen von den anderen Stämmen zu respektieren waren. Außerdem wollte Washington jährlich eine Abfindung zahlen für Schäden, die den Indianern durch den Transit entstanden waren.

Die Tragweite des Abkommens wird kaum einem der anwesenden Volksvertreter bewußt gewesen sein: Es markierte im Grunde das Ende der Reiterkulturen auf den Prärien. Vorbei waren die Zeiten, in denen Indianer dem Büffel oder dem Feind nachstellten, wo immer der Wind sie hinführte. Die Völker wurden in räumliche Grenzen verwiesen. Dies ermöglichte der Bundesregierung, häppchenweise und ganz nach Belieben einzelne Nationen zu Landabtretungen zu zwingen, ohne gleich alle Prärie-Indianer gegen sich aufzubringen.

Schon bald zeigte sich, daß der Vertrag, unter den am 17. September 1851 je ein oberer Stammesfürst der vertretenen Gruppen sein Kreuzchen gesetzt hatte, weder den

Oben, Mitte und unten: Indianische Pow-wows sind eine der besten Gelegenheiten, erstklassiges indianisches Kunsthandwerk zu sehen. Die Prärie-Indianer sind bekannt für ihren aufwendigen Federschmuck und die kunstvollen Perlenstickereien, die sowohl figürliche als auch geometrische Motive zeigen.

Fortsetzung Seite 41

Traditionell gekleidete und geschmückte Indianerin auf der Crow Fair in Montana. Während die Alltagskleidung früher sehr schlicht war, wurde die Festkleidung mit Samen, Federn, Knochen, Stachelschweinborsten, Fransen, Fellen kleiner Tiere und Perlen reich verziert.

MEIN VOLK, DIE KRÄHEN-INDIANER

Die Stammesgeschichte der Absarokee

Joseph Medicine Crow, der als erster Indianer einen Universitätsabschluß in Anthropologie machte, veröffentlichte im Jahr 1992 das Buch «Mein Volk, die Krähen-Indianer». Hier erzählt er kritisch und humorvoll zugleich von der Geschichte und der Gegenwart seines Stammes:

Links: Medicine Crow, der Großvater des Autors.

Oben: Delegation der Crow-Häuptlinge Mo-Mukh-Pi-Tche (links), Thin Belly (Mitte) und One Who Leads The Old Dog (rechts) in Washington.

Der Name der Crow

In der Hidatsa-Sprache bedeutet Absarokee «Kinder des großschnabligen Vogels» (absa heißt «großschnabliger Vogel» und rokee «Kinder» oder Nachkommen). Andere Indianerstämme nannten dieses Volk die «Schlauen» und meinten damit, daß sie so listig und wachsam seien wie der Vogel absa (wahrscheinlich der Rabe), nach dem sie benannt waren. Wenn sie sie in der Handzeichensprache erwähnten, ahmten sie das Flügelschlagen fliegender Vögel nach. Die Weißen interpretierten dieses Zeichen als Bezeichnung für die Krähe und nannten daraufhin den Stamm die Crow-Indianer («Krähen-Indianer») [. . .].

Der Humor der Crow

Im Gegensatz zu der landläufigen Annahme, Indianer seien stoisch, lächelten nie und hätten steinerne Gesichter, sind die Indianer in Wirklichkeit unter sich voller Humor und Fröhlichkeit. Bei den Festversammlungen besuchen sich Männer verschiedener Stämme und tauschen neue Witze und lustige Geschichten aus [. . .].

In den alten Zeiten vor der Reservation bestand die Hauptform des Humors der Crow in dem Singen von Scherzliedern. Rivalisierende Kriegerbünde verfaßten Lieder über die andere Seite, ihre Anekdoten, Eigenheiten und ihre Verstöße gegen gewisse Clan-Tabus, wenn etwa ein Mann den Namen seiner Schwiegermutter nannte. [. . .] Heute erzählen die Stammesangehörigen Witze und humorvolle Geschichten über sich selbst und lachen auf eigene Kosten. Das Leben in den Reservationen mit hoher Arbeitslosigkeit, Alkoholismus und schlechter Gesundheit ist oft hart. Geschichten mit indianischem Humor schaffen ein Ventil für Frustationen. Mit diesen Grinsen und Gelächter provozierenden Geschichten können die Menschen «Schläge abfangen». Es gibt zwar einige militante [. . .] Indianer, die diese Geschichten als «rassistische Witze» ablehnen, aber im ganzen tolerieren die Indianer der Reservation diese Geschichten nicht nur, sondern hören sie gern [. . .].

Der Tag, an dem Big Sheep den schlauen Pferdehändler Bill Lynde überlistete

Dies ist eine wahre Geschichte, die sich in den 30er Jahren in der Reservation in der kleinen Stadt Lodge Grass, Montana, zutrug. Die Geschichte hat sich herumgesprochen. Sogar Paul Harvey hat kürzlich eine weiße Version davon erzählt.

Oben: «Two Crows, a Band Chief», ein Gemälde des berühmten Indianermalers George Catlin aus dem Jahr 1832 (National Museum of American Art, Washington DC).

Rechts: Joseph Medicine Crow, Verfasser der ersten Stammesgeschichte der Krähen-Indianer.

Big Sheep wohnte am Lodge Grass Creek ungefähr zwei Meilen oberhalb der Stadt Lodge Grass, Montana. Sein Nachbar wurde Der Schlanke Weiße genannt, aber sein richtiger Name war Bill Lynde. (Er war der Großvater von Stan Lynde, dem Karikaturisten aus Montana.) Der Schlanke Weiße war Pferdehändler von Beruf und machte selten ein schlechtes Geschäft. Aber eines Tages legte ihn Big Sheep mit nur drei Worten Englisch herein.

Big Sheep konnte noch nicht lesen und schreiben, aber er hatte einiges von der Redeweise der Weißen aufgeschnappt, als er im Spielsaal Karten spielte. Er verstand es ausgezeichnet, den «dummen Indianer» zu spielen, aber in Wirklichkeit war er «so dumm wie ein Fuchs». Eines Tages beschloß er, dem Schlanken ein Pferd zu verkaufen, das auf einem Auge blind war. Nachdem er den alten Braunen ein bißchen geputzt hatte, saß er auf und ritt zu seinem Nachbarn.

Der Schlanke Weiße saß im Schatten seiner Scheune und schnitzte an einem Stock, als Big Sheep auf seinem tänzelnden Braunen vorbeiritt. Der Schlanke musterte Big Sheep und rief ihm zu, er solle hereinkommen. Aber Big Sheep schüttelte nur den Kopf und antwortete: «Ich geh Pferde suchen.» Dann ritt er weiter.

Nach einer Weile kam Big Sheep zurück; sein Brauner tänzelte immer noch und sah richtig flott aus. Diesmal wartete der Pferdehändler am Tor. Er lud den Nachbarn ein, abzusteigen und Kaffee zu trinken. Bald ließ er seinen Spruch los.

«Big Sheep, du hast ein gutes Pferd.»

«Ja, viel gut», erwiderte Big Sheep.

«Vielleicht möchtest du's tauschen, wie?»

«Vielleicht nein.»

Die Verhandlungen machten Fortschritte, als Bill Lynde sagte: «Ich mach dir 'n Angebot, ich geb dir meinen guten Grauen dafür, den, der dir so gut gefiel.»

Big Sheep gab keine Antwort, schien aber interessiert.

Bill wiederholte: «Ich geb dir den Grauen und diese Zehndollarnote fürs Pokern.»

Dann spielte Big Sheep seinen Trumpf aus: «Schlanker, du bist guter Weißer; du bist guter Freund und ich mag dich viel. Aber dies Pferd sieht nicht gut.» Die Crow-Sprache hat für «sehen» und «aussehen» dasselbe Wort.

Der Schlanke lächelte und sagte: «Big Sheep, das Pferd sieht nicht allzu schlecht aus. Abgemacht?»

Worauf Big Sheep abstieg, seinem Pferd den Sattel abnahm und zu dem Grauen hinüberging. Er sattelte ihn und ritt ohne ein Wort davon.

Am nächsten Morgen kam der Schlaue, der selten ein schlechtes Geschäft machte, zu Big Sheep und redete ihn an:

«He, Big Sheep, du redest mit gespaltener Zunge. Du hast mir nicht gesagt, daß dieser Braune auf einem Auge blind ist. Du bist ein Betrüger.»

Mit seiner unschuldigsten Miene erwiderte Big Sheep: «Ich sag dir, dies Pferd sieht nicht gut.»

Bill Lynde, der genug von der Crow-Sprache verstand, erkannte, daß er hereingelegt worden war. Ohne ein weiteres Wort zu Big Sheep drehte er sich um und ging, aber im Weggehen murmelte er einen kräftigen Fluch.

Zum großen Pow-wow in Browning, Montana, kommen alljährlich im Juli zahlreiche Besucher.

17

«Badlands», «Schlechtes Land», nannten die Weißen diese bizarre Erosionslandschaft in South Dakota.

Im Medicine Rocks State Park, Montana. Die seltsamen Höhlen in den Felsen entstanden durch Windschliff.

Der Sieg über Custer am Little Bighorn beschleunigte in Wirklichkeit den Untergang der Indianer, bewegte er doch die US-Armee zu einer verstärkten Offensive, die im Massaker von Wounded Knee einen ihrer letzten Höhepunkte fand.

DIE LETZTEN GEFECHTE

Little Bighorn und Wounded Knee

Nach dem unrechtmäßigen Einfall der Goldsucher in die Black Hills 1876 formierten sich 2500 Sioux und Cheyennes am Little Bighorn in Montana zum Widerstand. Als Drahtzieher machte Washington schnell die Häuptlinge Sitting Bull und Crazy Horse aus. Drei Truppenverbände unter Brigadegeneral Alfred Terry sollten die Aufständischen in ihre Reservationen zwingen. Am 22. Juni 1876 löste sich Oberstleutnant George A. Custer mit 600 Kavalleristen aus dem Verband Terrys. Ziel war ein Umzingelungsmanöver.
Custer, in West Point gerade so durchs Examen gekommen, hatte sich im Bürgerkrieg militärische «Lorbeeren» verdient. Zwischenzeitlich war er bei Präsident Grant in Ungnade gefallen und von seinem Kommando suspendiert worden. Jetzt wollte er es allen zeigen und die versammelten «Rothäute» im Alleingang zur Räson bringen. Fehleinschätzungen und seine Borniertheit kosteten ihn und über ein Drittel seiner Mannschaft das Leben, den Rest rettete der nachrückende Terry.
Als Held – ein Neider behauptete jedoch, als Zirkusnummer – aus dem Bürgerkrieg heimgekehrt, war Custer als schneidiger Indianerjäger zum nationalen Idol aufgestiegen. Seine Niederlage, die militärisch eigentlich unbedeutend war, wurde deshalb von vielen Amerikanern, die gerade die ersten 100 Jahre ihrer Nation feierten, als Affront und persönliche Schmach empfunden. Das Volk rief nach Rache; die Armee hörte es gern und ging fortan verstärkt zur Vorwärtsverteidigung über.
Zu den Opfern dieser offensiven Strategie zählten Red Cloud, Crazy Horse, Chief Joseph und schließlich auch der große Hunkpapa-Sioux Sitting Bull, der im Dezember 1890 bei seiner Festnahme getötet wurde. Zu diesem Zeitpunkt wurde der Konflikt allerdings durch die *Geistertanz-Religion* («Ghost Dance») verschärft.
Der Messias hieß Wovoka, war ein Paiute und lebte in Nevada. Ihm hatte der Große Geist 1889 die Rückkehr des Büffels auf die Große Ebene, der Toten zu ihren Familien und den Abgang des weißen Mannes verheißen, vorausgesetzt, die Indianer würden sich zum Geistertanz bekennen. Die Kunde verbreitete sich wie ein Präriefeuer und erreichte Dakota 1890. Die Massen steigerten sich in ein religiöses Delirium, das die Emissionäre Washingtons in höchstem Maße beunruhigte. Als sich die Geistertänzer auch noch «kugelsichere» Geisterhemden überstreiften, sah man den friedlichen Charakter der Bewegung nicht mehr gewährleistet. Militär zog auf. Nach dem Tod von Sitting Bull heftete sich die militärische Führung an die Fersen des Miniconjou-Sioux Big Foot. Mit 350 Gefolgsleuten wurde dieser schließlich am 28. Dezember 1890 am Wounded Knee Creek, South Dakota, gestellt und von 500 Kavalleristen zur Aufgabe gezwungen. Als Big Foot und seine Krieger am nächsten Morgen entwaffnet werden sollten, kam es zu einem Handgemenge, das als Massaker endete. Mindestens 153 – nach anderen Schätzungen annähernd 300 – Sioux und 25 Soldaten fanden den Tod. In der Erinnerung der Dakota-Indianer ist Wounded Knee mehr als nur ein Ort des Grauens, an dem man Tage nach dem Gemetzel die zu grotesken Formen gefrorenen Leichen von Männern, Frauen und Kindern fand. Hier wurde – in den Worten des greisen Black Elk – der schöne Traum eines ganzen Volkes ausgelöscht und damit auch dessen geistige Mitte. *Friedrich W. Horlacher*

Sitting Bull, Häuptling der Sioux.

Oberstleutnant George A. Custer.

Indianische Gräber in Wounded Knee; auf der nächsten Seite der Soldatenfriedhof.

Gedenkstätte für die Soldaten, die mit Oberstleutnant Custer im Juni 1876 am Little Bighorn fielen.

Montana, das Land des weiten Himmels: Der obere Missouri, der hier nur noch mit dem Kanu befahren werden kann, zieht sich durch eine einsame Landschaft mit so ungewöhnlichen Felsen wie dem «Eye of the Needle», dem «Nadelöhr», im Vordergrund.

Frieden auf der Großen Ebene sicherte noch die im einzelnen garantierten territorialen Ansprüche. Die büffeljagenden Indianer sollten fortan auf milde Gaben Washingtons angewiesen sein oder Farmer werden müssen.

Im Jahr 1871 änderten sich die amerikanisch-indianischen Beziehungen erneut: Per Bundesgesetz wurde den Nationen ihr souveräner Status aberkannt und deren Angehörige offiziell entmündigt. Die Vormundschaft übernahmen Bundesregierung und Kongreß, die dadurch nicht einmal mehr Verträge mit ihnen zu schließen brauchten.

Durchaus wohlwollende Kräfte setzten in den 80er Jahren noch eins drauf: Da der Büffel praktisch ausgerottet war, sollten die nicht zu vermittelnden arbeitslosen Jäger umgeschult werden; sie sollten Ackerbauern werden. Frühere derartige Versuche weiter südlich waren allesamt mehr oder minder gescheitert. Dennoch wollte man es mit den Reitern vom oberen Missouri erneut probieren.

Die nach einem ihrer Initiatoren benannte Dawes Bill (1887) sah vor, daß das gleichsam verstaatlichte Land der einzelnen Nationen privatisiert würde. Jeder Familie im Indianerland sollten 160 Tagwerk zur Bewirtschaftung überlassen werden. Diese Zahl hatte der geniale Thomas Jefferson hundert Jahre zuvor als die ideale Größe für den landwirtschaftlichen Familienbetrieb ausgemacht. Was nach der Verteilung übrigblieb, durfte der ferne, aber gerechte Vater am Potomac in eigener Regie verkaufen.

Zu dieser Zeit waren die Prärie-Indianer allerdings schon weit von einer Ackerbaukultur entfernt: Sie besaßen weder das agronomische noch ökonomische Wissen, um unter marktwirtschaftlichen Bedingungen Landwirtschaft zu betreiben, und Jefferson hatte bei seinen Kalkulationen nicht an Halbwüste gedacht! Viele Indianer auf der nördlichen Großen Ebene mußten deshalb bald ihr Land an Weiße verpachten oder gar verkaufen. Die 1851 zugeteilten Jagdgründe schrumpften innerhalb von vier Jahrzehnten zu kleinen Reservationen. Eine Ausnahme bildet South Dakota, wo sich immerhin noch zehn Prozent der Gesamtfläche in indianischer Hand befinden.

Heute leben etwa vier Fünftel der indianischen Bevölkerung der Region in Reservationen, in denen die meisten auf der Grundlage von Weidewirtschaft und Ackerbau ein kümmerliches Dasein fristen. Die wenigsten sprechen noch die Sprache ihrer Väter, ein Viertel der Männer ist alkoholabhängig, die Lebenserwartung ist niedrig, die Kindersterblichkeit hoch, die Selbstmordquote liegt fünfzehn mal höher als der US-Durchschnitt. Von ihrer Umgebung wenig geachtet und noch weniger geliebt, werden indianische Tänze und Feste Fremden dennoch gern als folkloristische Attraktion vorgeführt. Aber selbst das Wenige, das ihnen geblieben ist, kann in Gefahr geraten, wenn – wie im Falle der Crows und der Northern Cheyennes in Montana – auf ihrem kargen Land Bodenschätze entdeckt werden, die der weiße Mann begehrt.

Sioux-Indianer mit perlenbesticktem Stirnband und Stachelschweinborsten im Haar auf einem Pow-wow in Montana.

George Kicking Woman, ein Blackfoot-Indianer, mit prächtigem Kopfschmuck aus Adlerfedern – eine Auszeichnung für Männer, die Mut, Stärke und Besonnenheit bewiesen haben.

VORPOSTEN DER ZIVILISATION

Forts im Indianerland

Bei der Besiedlung des Westens waren die Forts von zentraler Bedeutung: Als Militärstützpunkt und Handelszentrum, aber auch als erste Station für Missionare und Siedler, Trapper und Goldgräber.

Im unbesiedelten Westen des 19. Jahrhunderts waren Forts auf lange Zeit die einzigen Zeichen europäisch-amerikanischer Zivilisation. Errichtet wurden sie vom Pelzhandel oder von der US-Armee und fungierten als Warenumschlagplätze, Warenlager, Wohnanlagen für Bedienstete, Informationsbörsen und – in bescheidenem Maße – als landwirtschaftliche und handwerkliche Betriebe. Von der Armee genutzte Forts waren in erster Linie Garnison und Basis für militärische Operationen. Gelegentlich konnten sie bei Belagerung auch zur Falle werden, wie die Besatzungen der Forts am Bozeman Trail nach Montana 1866/67 erfahren mußten: Vor allem die Mannen von Fort Phil Kearny in Wyoming hatten damals Mühe, sich aus der Umklammerung durch Red Cloud und seine Oglala-Krieger zu befreien. Die Führung in Washington befahl daraufhin kurzerhand die Aufgabe einer ganzen Kette von nagelneuen Anlagen.
In den frühen 1830er Jahren schuf die American Fur Company in der nördlichen Ebene ein Netz von Handelsstationen, durch das buchstäblich jeder Anbieter von Pelzen und Fellen Zugang zum Markt bekam. An der Spitze dieser Hierarchie standen Fort Union und Fort Pierre am oberen Missouri sowie Fort Laramie am North Platte. Da sich die militärische Präsenz um die Jahrhundertmitte zunehmend als unzureichend erwies, erwarb Uncle Sam 1849 Fort Laramie und 1855 Fort Pierre und wurde in den sechziger Jahren schließlich selber als Bauherr für seine Söldner tätig. Die strategische Bedeutung der einzelnen Forts für Handel und Militär ließ sich an ihren jeweiligen Abmessungen erkennen. Ansonsten entsprachen sie weitgehend einem einzigen Grundmuster. In der Regel wurden sie als Rechteck oder Quadrat auf einem ebenen Terrain angelegt, das freien Blick in alle Richtungen gewährte. Nach außen wurden sie geschützt durch eine bis zu zehn Meter hohe Palisade. An zwei diagonal gegenüberliegenden Ecken des Gevierts befanden sich mehrgeschossige Blockhäuser, von denen alle Außenseiten einzusehen und mit Feuerwaffen zu verteidigen waren. Geschossen wurde bei Überfällen auch von den Dächern der Wirtschaftsgebäude. Ins Innere des Forts gelangte man durch ein als Sicherheitsschleuse konzipiertes Doppeltor. Indianer durften es nur einzeln oder in kleinen handverlesenen Gruppen passieren. Handelsgeschäfte wurden im Normalfall durch eine fenstergroße Öffnung am Innentor abgewickelt. Dem Haupttor gegenüber, auf der hinteren Seite des Innenhofs, stand das Herrenhaus, an das sich Verwaltung, Konferenzräume, Gästehaus, Unterkünfte, Werkstätten und Stallungen anschlossen. Einen gewissen Komfort bot allenfalls das Herrenhaus. Das von Fort Union beschrieb der deutsche Forscher Maximilian Prinz zu Wied, der sich 1833 dort aufgehalten hatte, als «einstöckig, zu jeder Seite der Tür mit vier hellen ansehnlichen Glasfenstern» (!) und «sehr bequem». Einige Forts, wie beispielsweise Fort Pierre in South Dakota, unterhielten außerhalb der Palisaden eingezäunte Gartenanlagen zum Gemüseanbau – garantiert ungespritzt.

Fort Union war der erste Handelsposten am Missouri. – Oben: Malerei über dem Eingangstor. – Unten: Das Herrenhaus.

Zur ständigen Belegschaft der großen zivilen Forts zählten etwa hundert Personen, an deren Spitze ein mit absolutistischer Macht ausgestatteter «Bourgeois» stand. In der Hierarchie folgten der fürs Büro zuständige «Clerk» und die «Engagés» mit ihren Familien. Unter den Engagés, die meistens mit Squaws verheiratet waren, befanden sich Dolmetscher, Händler und Handwerker. Zum lebenden Inventar gehörten ferner rund 60 Pferde sowie Maultiere, Milchkühe, Schweine und Hühner.
Während das Leben in den Forts der Armee von Routine und Langeweile gekennzeichnet war und seinen Bewohnern nur wenige Annehmlichkeiten bot – die einzigen Zivilisten am Ort waren Offiziersfrauen und Wäscherinnen –, herrschte bei den Pelzhändlern stets ein munteres Treiben. Einige der «Bourgeois» verstanden durchaus zu leben: So veranstaltete Edwin Denig, Herr von Fort Union und Gatte von zwei Squaws, Bälle für seine Angestellten, um sie bei Laune zu halten. Er spielte dabei die Fidel. Der Maler George Catlin schwärmte von den Delikatessen, die er am Tisch Kenneth McKenzies genießen durfte: Zunge vom Büffel und Biberschwanz. Aber Catlin hatte auch keine Probleme mit gegartem Hunderücken nach Indianerart. *Friedrich W. Horlacher*

Die Abendsonne läßt den Missouri und die karge Prärie-Landschaft Montanas in warmen Farben leuchten. Bei der Besiedlung des Mittleren Westens spielte dieser Fluß eine wichtige Rolle: Auf ihm transportierten die Trapper und Fallensteller ihre Ware, und an seinem Ufer entstanden so bedeutende Forts wie Fort Union und Fort Pierre.

Mount Sinopah am Two Medicine Lake im Glacier National Park, Montana. 50 Gletscher und über 200 Seen liegen in dem «Kronjuwel Nordamerikas» genannten Nationalpark.

Peinliche Historie läßt sich gerne aus dem Bewußtsein verdrängen. So wird das Indianerland auch als *Wilder Westen* romantisiert, heroisiert und mythisiert, als Szenario für Viehdiebe und Wegelagerer, die von dem großen Schweigsamen gestellt und vernichtet werden; für Cowboys, die kaum je ihren eigentlichen Beruf ausüben, und für galoppierende Rothäute, die unter ziemlichem Gezeter gottesfürchtige Siedler an der Weiterfahrt hindern wollen. Die Wirklichkeit sah meist jedoch viel prosaischer aus.

PIONIERE, PELZHÄNDLER UND ERSTE SIEDLER

Lange Zeit sahen sich die Franzosen als die Herren über das Indianerland, denn dieses war Teil des 1682 von Sieur de LaSalle für Frankreich reklamierten Louisiane. Geographische Namen und Begriffe wie *Pierre, Butte, Belcourt, Missouri* und *Platte* zeugen noch heute davon. Im Jahr 1762 geriet Louisiana unter spanische Herrschaft, die es 1800 allerdings zurückgab. 1803 verhökerte Napoleon den Besitz für fünfzehn Millionen Dollar an die Vereinigten Staaten. Die Transaktion «Louisiana Purchase» – im wesentlichen das Werk des Präsidenten Thomas Jefferson – umfaßte ein Gebiet, das vom Mississippi bis in die Rocky Mountains und vom Golf von Mexiko bis nach Britisch-Kanada reichte und mehr als fünfmal so groß war wie Frankreich. Genaueres wußte man freilich nicht, da man einen mehr oder minder weißen Fleck auf der Landkarte erworben hatte. Einige Kartographen gaben der Kenntnislücke schließlich einen Namen: Sie sprachen von der Großen Amerikanischen Wüste («Great American Desert»).

Noch ehe das Louisiana-Geschäft abgewickelt war, hatte Jefferson seinen Privatsekretär Meriwether Lewis, einen erfahrenen Soldaten an der Indianerfront, mit der Erkundung des unbekannten Landes beauftragt. Lewis erinnerte sich eines Freundes aus der Militärzeit, William Clark, und ernannte ihn zu seinem Stellvertreter: Gemeinsam wollten sie ein Expeditionscorps den Missouri hinaufführen, eine Verbindung zum Columbia River herstellen und diesem bis zum Pazifik folgen. Die ganze Strecke sollte in umgekehrter Richtung noch einmal zurückgelegt werden, um möglichst viel Information über Bevölkerung, Topographie, Klima, Bodenbeschaffenheit, Flora und Fauna zu gewinnen. Jefferson hoffte aber auch, daß das Unternehmen amerikanischen Ansprüchen auf das pelzreiche Oregon, das die Briten als ihr Territorium betrachteten, mehr Gewicht verleihen würde.

Lewis und Clark waren von Mai 1804 bis September 1806 unterwegs. Mehrmals drohte der Expedition ein böses Ende, weil man in Unkenntnis der Geographie der Rocky Mountains die riesigen Entfernungen falsch eingeschätzt hatte. So hatte man «errechnet», daß zwischen den

Im 405 000 Hektar großen Glacier National Park gibt es noch immer Grizzlys und Wölfe, Dickhornschafe und Schneeziegen. Für die Blackfoot-Indianer ist hier, in der einsamen Weite der Rockies, die Heimat des «Großen Geistes».

Quellen des Missouri und jenen des Columbia allenfalls ein halber Tagesmarsch liege. In Wahrheit vergingen nicht Tage, sondern Monate, ehe man den Columbia River erreichte – und möglicherweise gelang dies nur mit Hilfe der legendären Shoshone Sakakawea, Squaw des nicht minder legendären Pelzjägers Toussaint Charbonneau, die sich samt neugeborenem Sohn der Expedition angeschlossen und ihr als Dolmetscherin, Vermittlerin und Bergführerin unschätzbare Dienste erwiesen hatte.

Die Geisterstadt Elkhorn zeugt vom kurzen Goldrausch in Montana.

Die Lewis-und-Clark-Expedition wurde zu einem triumphalen Erfolg. Zwar mußte die jahrhundertealte Hoffnung auf die Nordwestpassage endgültig begraben werden, aber immer mehr Amerikaner warfen fortan begehrliche Blicke auf die Ebenen und Berge des oberen Missouri. Bereits 1805 wurde das Gebiet für Ausländer, die im Indianergeschäft mitmischen wollten, offiziell «off limits», also für nicht zugänglich erklärt.

Nur einer aus dem Expeditionscorps überlebte die Tortur nicht. Er starb ganz unheroisch an einer Blinddarmentzündung. Ein anderer, John Colter, bat während der Rückreise um seine Entlassung. Er wollte in den Bergen dem Biber nachstellen. Auf seinen Streifzügen durch das heutige Wyoming, Montana und Idaho stieß er 1807/08 auf Geysire, dampfende, blubbernde Sümpfe und andere Merkwürdigkeiten. Seine Zeitgenossen hielten ihn für einen Spinner und witzelten über «Colters Hölle». Offenbar hatte er die Naturwunder des Yellowstone entdeckt.

Colter wurde zum Prototyp des «mountain man», der mit einer Squaw als Gefährtin jagend und fallenstellend jahrzehntelang die nordwestliche Szene beherrschte. Manch einer dieser hartgesottenen Individualisten, die sich in der feindseligen Wildnis besser zurechtfanden als im Alphabet, endete als erfolgreicher Geschäftsmann, Bankier oder Regierungsbeauftragter für Indianerfragen («Indian Agent»). Als die Biber und andere gewinnbrin-

Dieser Crow-Indianer, der mit seiner Familie in einem abgelegenen Teil der Crow-Reservation lebt, hat sich für ein einfaches Leben nach Art seiner Vorfahren entschieden. Hier sitzt er neben seiner selbstgebauten Schwitzhütte, in der die traditionellen Reinigungszeremonien stattfinden.

Indianische Familie während der North American Indian Days in Browning. Auch wenn das Lagerfeuer einem Ofen gewichen ist, ist das Tipi mit dem indianischen Wandschmuck doch ein Zeichen für die Rückbesinnung auf alte Traditionen.

gende Pelzlieferanten immer rarer wurden, arbeiteten manche als Kundschafter («scouts»), die Siedlertrecks, Vermessungstrupps, Militär und Eisenbahnbauer durch die Berge lotsten und so im wörtlichen Sinne zu Wegbereitern der Zivilisation wurden. Berühmte Migrationsrouten durch das Indianerland wie der Oregon Trail, California Trail oder Bozeman Trail wurden von legendären Trappern wie Jim Bridger, Kit Carson, Jedediah Smith, Elisha Stephens und Joseph Reddeford Walker entdeckt.

Kevin Red Star in seinem Atelier auf der Crow-Reservation in Montana. Er gehört neben N. Scott Momaday, Quincy Tahoma und David Bradley zu den bekannteren indianischen Malern, die in Inhalt und Darstellung nach neuen Wegen suchen.

Lange vor Lewis und Clark waren von Norden her französische und englische Händler mindestens bis zu den Mandans ins heutige North Dakota vorgedrungen, was die von Vérendrye im Jahr 1738 erwähnten «europäischen» Waren erklärt. Französische Kaufleute aus St. Louis waren aber auch schon den Missouri bis zur Einmündung des Yellowstone River heraufgekommen.

Als St. Louis 1803 amerikanisch wurde, blieb es Pelz- und Fellbörse für den oberen Missouri. Mehrere Handelsgesellschaften, darunter die American Fur Company des deutschstämmigen John Jacob Astor, bemühten sich erfolgreich um die Bergung der herumlaufenden Schätze. Den Anfang machte der nicht unumstrittene Manuel Lisa. Er besaß außergewöhnliche unternehmerische Fähigkeiten, galt aber auch als halsabschneiderisch und profitgierig. Jedenfalls war es für manchen Insider überraschend, daß er 1820 eines natürlichen Todes starb.

Lisa begegnete 1807 John Colter und heuerte ihn an. Colter empfahl ihm, an der Einmündung des Bighorn River in den Yellowstone eine befestigte Handelsstation, ein «fort», zu errichten, Fort Manuel. Boote sollten einmal jährlich Versorgungs- und Handelsgüter an den oberen Missouri schippern und im Gegenzug die von Indianern und Trappern angelieferten Felle nach St. Louis bringen. Der monatelange Transport bedeutete Knochenarbeit, die Boote mußten über Hindernisse getragen, mit Stangen geschoben oder mit langen Seilen flußaufwärts gehangelt werden. Flußabwärts drohte Gefahr von wegelagernden Indianern. Dennoch schufen im Lauf der Jahre Lisas Fur Company und deren Nachfolgeorganisation, die American Fur Company, ein ganzes Netz solcher mit Booten erreichbarer Stützpunkte, bis schließlich der Flußdampfer «Yellowstone» der American Fur Company im Jahr 1832 bei Fort Union, North Dakota, festmachte und das Transportproblem ein für allemal löste. Allerdings wurde der Kampf zwischen den einzelnen Gesellschaften um die Jagdreviere zu dieser Zeit immer unerbittlicher, und die Pelzkonjunktur zeigte eine rückläufige Tendenz.

Familie Hudetz vor ihrem Haus in Billings, Montana. Während Janice Hudetz, eine Crow-Indianerin, in einer indianischen Kunstgalerie arbeitet, kümmert sich ihr Mann, ein Weißer, um die Buchhaltung der Crow-Reservation. Ihre Tochter Honey nimmt alljährlich begeistert an der Crow Fair in Montana teil (siehe Seite 50 und 52).

Die Rocky Mountain Fur Company entwickelte eine flexiblere, billigere und weniger riskante Logistik mit Maultierkarawanen auf dem Landweg, die später, als das Unternehmen 1834 in Jacob Astors Wirtschaftsimperium aufging, durch Wagenkolonnen ersetzt wurden. Gehandelt und getauscht wurde bei einem jährlichen «Rendez-

Ein stolzer Blick in die Zukunft: Zwei Indianer mit traditionellem Haarschmuck aus Stachelschweinborsten auf der Crow Fair.

Das Kleid, das Honey Hudetz hier auf der Crow Fair trägt, ist noch ganz traditionell mit Wapitizähnen und nicht, wie in späterer Zeit üblich, mit Perlen bestickt.

vous» von Indianern, Trappern, Squaws und Händlern, das an wechselnden Orten stattfand, gewöhnlich als Volksfest begann und im Rausch endete. Als man sich im Juni 1837 zum 13. Rendezvous am Green River, Wyoming, einfand, waren die Preise für Felle inzwischen in den Keller gefallen, während sich die für Konsumgüter aus St. Louis verzwanzigfacht hatten. Es sollte der letzte große Treff dieser Art sein. Jäger und Händler waren ins Abseits geraten; in Zukunft würden andere bestimmen, was auf der nördlichen Großen Ebene geschehen würde.

Als 1841 die ersten Siedlertrupps, von Independence, Missouri, kommend, den North Platte hinaufzogen, den South Pass in der Wind River Range, Südwest-Wyoming, überquerten und sich dann entweder nach Nordwesten (Richtung Oregon Country) oder nach Südwesten (Richtung Kalifornien) wandten, mochte dies zunächst noch nicht viel besagen. Doch die Vereinigten Staaten waren gerade dabei, einem Expansionsfieber zu verfallen, das ab dem Jahr 1845 unter der Bezeichnung «manifest destiny» grassierte – genährt von dem Glauben, der Herrgott habe auf amerikanischem Boden einen neuen Menschen geschaffen, der weiß, überwiegend englischen und schottischen Blutes, protestantisch und demokratisch ist und dessen offenkundige Bestimmung es sei, den amerikanischen Kontinent zu beherrschen – wenigstens die nördliche Hälfte.

Junge Indianerin mit ihrem Pferd auf der Crow Fair. Etwa seit 1950 betreiben die Crows wieder eine stattliche Pferdezucht, und Jungen wie Mädchen lernen schon im Kindesalter, sicher im Sattel zu sitzen.

DER WILDE WESTEN

Krankhafte Symptome zeigten sich Ende der 40er Jahre in Gestalt eines grotesken Volkslaufes am North Platte, an dem in erster Linie Bewerber teilnahmen, die auf eine Erfüllung ihres privaten amerikanischen Traumes im Sofortverfahren hofften: Goldfunde in Kalifornien hatten sie auf die Beine gebracht. Als Kalifornien begann, von Glücksrittern, Spekulanten und Geschäftemachern überzuquellen, schwärmten sie in die Berge nach Osten und Norden aus. Über Montana fielen sie 1862/63 her, als um Bannack und die Alder Gulch Gold gefunden wurde, über die Black Hills, als der karrieretüchtige Oberstleutnant George A. Custer (*siehe Seite 37*) und sein Regiment 1874 Gerüchte um Goldvorkommen bestätigten.

Die nachfolgende Entwicklung folgte einem sich oft wiederholenden Schema: Neben Gold fand man andere Schätze wie Silber, Kupfer oder Kohle. Camps und provisorische Ansiedlungen schossen aus dem Boden, in denen sich ein turbulentes, scheinbar pittoreskes Leben entfaltete, und verkamen schnell zu Geisterstädten. Nur wenige mauserten sich zu richtigen Kommunen wie die Goldstadt Deadwood in South Dakota, deren Bedeutung allerdings mit den Funden stieg oder fiel, oder das Städtchen Butte in Montana, das Anfang dieses Jahrhunderts einmal fünfzehn Prozent des Weltbedarfs an Kupfer deckte und auf 150 000 Einwohner anwuchs. Heute ist Butte eine von

Zu den North American Indian Days in Browning kommen alljährlich Tausende von indianischen und nichtindianischen Besuchern. Zwischen Paraden, Rodeos und Tänzen kann man seinen Hunger an zahlreichen Essensständen stillen, die auch indianische Spezialitäten verkaufen.

Vor der Ankunft der Europäer schmückten die Prärie-Indianer ihre Kleidung oft mit Muscheln, Tierzähnen und Knochenstükken. Erst im frühen 19. Jahrhundert lernten sie durch den Handel mit Weißen Glasperlen kennen, mit denen sie Kleidung und Kultgegenstände kunstvoll verzierten.

30 000 Menschen bewohnte Ruinenstadt mit heruntergekommenen Wohnhäusern, eingeebneten Grundstücken, verrosteten Fördertürmen und verriegelten Stollen.

Neben den Schatzsuchern agierten in dem Boom-Spektakel allerlei mehr oder minder ehrenwerte Herrschaften aus allen möglichen Berufssparten, die am Glück partizipieren wollten, ob es sich nun einstellte oder nicht. Hohes Ansehen unter ihren Mitbürgern genossen der Revolverheld Wild Bill Hickok, der nach einer wechselvollen Karriere 1876 in die Black Hills kam, um dort nach dem Rechten zu sehen, und in Deadwood, am Spieltisch sitzend, meuchlings erschossen wurde, und Calamity Jane (*siehe Seite 56*), oft in Männergesellschaft gesichtet und in den Saloons der ganzen Region zu Hause, die Unheil über jeden brachte, der sich mit ihr anlegte. Als allerdings 1878 in Deadwood die Pocken ausbrachen, stand sie als einzige dem einzigen Arzt am Orte bei. Daß es in solch illustrer Gesellschaft auch Individuen gab, deren Vorstellung von Recht und Ordnung erheblich von der herrschenden Norm abwich, beweist der Fall des Sheriffs Henry Plummer in Montana, der im Jahr 1863 selbst eine Verbrecherbande organisierte, die Goldtransporten auflauerte.

Tatsächlich gab es in dieser Phase noch keine Verwaltungsstruktur im eigentlichen Sinn. Die konnte sich erst etablieren, wenn einem Gebiet vom amerikanischen Kongreß der Status eines Territoriums eingeräumt wurde. Dakota Territory, benannt nach den Dakota-Sioux, wurde im Jahr 1861 geschaffen, Montana Territory 1864 und Wyoming Territory 1868; zu Bundesstaaten wurden Dakota und Montana 1889, Wyoming erst 1890.

Eine Infrastruktur mußte sich ebenfalls erst entwickeln. Die nördliche Ebene verdankte sie Siedlungen in Kalifornien und Oregon, deren Bedarf an Landverbindungen mit den östlichen Ausläufern der Zivilisation immer dringlicher wurde. Findige Unternehmer beförderten Ende der 50er, Anfang der 60er Jahre mit Kutschen («stage coaches») fahrplanmäßig Passagiere und Post in alle Richtungen des Westens, und Spediteure wie Russell, Majors & Wadell besorgten mit Ochsenzügen den Gütertransport für Militär und private Auftraggeber. Der in finanzielle Schwierigkeiten geratene William Russell organisierte 1860 den legendären Pony Express, der zwischen April 1860 und Oktober 1861 Briefsendungen gleichsam per Eilzustellung beförderte und die etwa 3500 Kilometer zwischen St. Joseph, Missouri und Sacramento in Kalifornien in rund zehn Tagen zurücklegte. 1861 übernahm der Telegraph die Geschäfte des Pony Express und Wells Fargo die meisten anderen; allerdings brach 1869 die erste transkontinentale Eisenbahn dieses Transportmonopol. Die Bautrupps der Union Pacific schoben sich zwischen 1867 und 1869 durch Wyoming, um sich mit denen der Central Pacific Railroad am Promontory Point in Utah zu treffen.

Metallapplikationen, wie man sie hier an den Kleidern sieht, gelangten durch Weiße zu den Indianern. Sie selbst suchten nie nach Metallen, weil sie die damit verbundenen Grabungen und Sprengungen als Verletzung von «Mutter Erde» betrachteten.

DAS VERSCHWINDEN DER BÜFFEL

Mit der Eisenbahn kam das Königreich der Rinder («cattle kingdom») mit seinen Cowboys und Rinderkönigen. Texaner konnten, als die Eisenbahnlinien Kansas erreicht hatten, mit ihren Herden endlich östliche Märkte ansteuern: Sie trieben sie geradewegs nach Norden und verschickten sie nach Chicago. Dodge City, Abilene und andere Orte wurden über Nacht zu «Kuhdörfern». Als die ersten Herden vom Süden nach Colorado und Wyoming gebracht wurden, um die Schatzsucher mit Fleisch zu versorgen, erkannte man das Potential des Graslandes: Das Indianerland wurde zum «Viehland». Als im Winter 1886/87 allein in Montana rund 360 000 Stück Vieh verhungerten oder erfroren – für manche Halter 90 Prozent ihres Tierbestandes –, schien das Ende einer kurzen Ära gekommen. Doch die Herdenbesitzer lernten, Futtervorräte anzulegen.

Aufwendig gearbeitete Mokassins. Diese bequemen Lederschuhe mit der weichen Sohle trugen früher bei den Prärie-Indianern Frauen wie Männer.

Was Schnee und Kälte nicht gelang, schafften die von den Eisenbahnen ins Land gebrachten Farmer, die mit neuen Methoden und Getreidesorten die Halbwüste für den Ackerbau nutzten. Die Farmer machten dem offenen Weidebetrieb ein Ende, dokumentierten ihre Landansprüche mit dem Stacheldrahtzaun, pflügten das Grasland um und degradierten die Rinderkönige zu Rinderbaronen. Rückschlägen zum Trotz, verwandelten sie gegen Ende des Jahrhunderts das Cowboy-Land in eine Kornkammer. Allerdings verlief der Prozeß keineswegs friedlich. In Wyoming kam es 1892 gar zum Krieg, in dem sich Viehbarone und Farmer bis an die Zähne bewaffnet gegenüberstanden und ein Blutbad nur durch den Einsatz regulärer Truppen verhindert werden konnte.

Die Indianer wurden von solchen Invasionen einfach überrollt. Dabei wurden Verträge gebrochen, wie etwa jener mit den Sioux aus dem Jahr 1868, welcher die den Indianern heiligen Black Hills für weiße Siedler und

Farmer Don Lundi mit einem Schädel, den er auf seinem Land in Montana fand. Unten am Missouri stand einst das berühmte Fort McKenzie.

Indian Rodeo auf der Crow Fair in Montana. Mindestens acht Sekunden muß sich der Reiter auf dem Pferd halten; je heftiger das Pferd bockt, um so höher sind die Wertnoten.

Zuschauer verfolgen vom Dach ihres Pickup Trucks ein Rodeo bei den North American Indian Days in Browning.

Geschäftemacher zur Tabuzone erklärt hatte. Zur indianischen Verbitterung trug aber auch bei, daß die Eisenbahngesellschaften waggonweise Jäger herbeikarrten, um den lästigen Büffel auszumerzen. Daran beteiligte sich eine Zeitlang auch William F. Cody, der als Buffalo Bill (*siehe Seite 56*) in die Geschichte des Westens einging.

Sioux, Cheyennes und die anderen Stammesgruppen wehrten sich auf ihre Weise. Mit plötzlichen Überfällen verbreiteten kleine Trupps bis in die 70er Jahre hinein Unruhe auf der nördlichen Ebene. Besonders gefürchtet waren Red Cloud und seine Oglala-Sioux, die zwischen 1862 und 1866 den zum Gold Montanas führenden Bozeman Trail verunsicherten. Unter solchen Umständen war militärische Präsenz gefragt. Nach dem Aufstand der Santee-Sioux im westlichen Minnesota 1862 wurden beschleunigt Forts am oberen Missouri, am North Platte und entlang des Bozeman Trail eingerichtet, die jedoch zunächst wegen des Bürgerkrieges (1861–1865) unzureichend bemannt waren. Mit dem Fetterman Massaker 1866 in Wyoming und der Schlacht am Little Bighorn 1876 (*siehe Seite 37*) gelangen den Indianern zwei schwere Schläge gegen die Armee Onkel Sams – es waren die letzten.

Militärische Erfolge verdankten die Reiter der Großen Ebene in erster Linie ihrer Mobilität. Im Winter jedoch hielten sie Krieg für nicht machbar und verharrten in ihren Winterlagern. Nach Slim Buttes (September 1876), wo General George Crook eine Horde Sioux zur Kapitulation zwang, verlegte sich die US-Armeeführung auf Winterkampagnen. Strategische Vorteile, die die Indianer bis dahin hatten, waren damit neutralisiert. Endzeitsignale setzten die gnadenlose Verfolgung von 150 Kriegern und 550 Frauen, Kindern und Greisen der Nez Percés, die unter Chief Joseph 1877 eine neue Heimat in Kanada zu finden hofften und kurz vor dem Ziel von Militäreinheiten eingekesselt wurden, und das Blutbad von Wounded Knee (*siehe Seite 37*), South Dakota, Ende Dezember 1890. Der amerikanischen Öffentlichkeit wurden diese Siege als Heldentaten verkauft – wären sie von der Gegenseite errungen worden, hätte man von Massakern gesprochen.

LAND DES GROSSEN HIMMELS

Seit der Jahrhundertwende bilden Agrar-, Weide- und Forstwirtschaft die ökonomische Grundlage der gesamten Region. 1985 waren North und South Dakota landesweit führend in der Produktion von Getreide. Millionen von Rindern und Schafen helfen den Fleischbedarf der Nation decken, Montana und Wyoming liefern zusätzlich Holz. Darüber hinaus verfügt das Indianerland über gewaltige Rohstoffreserven: Erdöl, Erdgas, Kohle und Uranvorkommen, und South Dakota steht nach wie vor an erster Stelle in der Goldgewinnung. Der Tourismus ist ebenfalls zu einem bedeutenden Wirtschaftsfaktor geworden.

Einer der berühmtesten Westernmaler, Charles M. Russell, kommt aus Great Falls im Nordwesten Montanas. Ihm zu Ehren hat die Stadt ein Museum eingerichtet, in dem man neben seinen Werken das Original-Studio in einem Blockhaus aus dem Jahr 1903 sehen kann.

BUFFALO BILL UND CALAMITY JANE

Zwei legendäre Gestalten des Wilden Westens

Ihre teils wahren, teils erfundenen Abenteuer waren der Stoff für zahlreiche Romane, Musicals und Wildwest-Shows, die das Publikum in Amerika und Europa gleichermaßen begeisterten.

Das farbenprächtige Bild vom abenteuerlichen Wilden Westen wurde im amerikanischen Osten erfunden. Die bunten Plakate der Wildwest-Shows zeigten bereits 1883 einen Westen, der weniger der Realität als vielmehr dem Sensationshunger der zivilisierten Stadtbewohner entsprach. Die Menschen im Osten wollten das Klischee – den tapferen Westmann, den gefährlichen Wilden und den skrupellosen Banditen, die sich spannende Verfolgungsjagden und aufregende Kämpfe lieferten, in denen das Gute siegte. Und sie wollten Helden. Einen Mann wie Buffalo Bill und eine Frau wie Calamity Jane.
Beide erlangten Weltruhm, zeigten ihr Können vor Präsidenten und gekrönten Häuptern und wurden in Musicals wie «Annie Get Your Gun» besungen.
William Frederick Cody wurde am 26. Februar 1846 im Iowa-Territorium geboren und wuchs in Kansas auf. Er arbeitete als Frachtwagenfahrer, Postreiter, Scout und kämpfte im Bürgerkrieg. Er heiratete eine bürgerliche Lady, die ihn zum braven Bürger erziehen wollte, und eröffnete das Irma Hotel in Cody, Wyoming. Wenig später floh er auf die Prärie und jagte Büffel für die Arbeiter der Kansas Pacific Railroad. Sein Showtalent zeigte er zum ersten Mal als Begleiter abenteuerlustiger Aristokraten, als er mit weißem Sombrero und hellem Wildlederhemd voranritt. In Fort McPherson traf er Ned Buntline, der ihn zum Helden vieler Groschenromane machte und ihm den Beinamen «Buffalo Bill» verlieh. 1872 trat der Westernheld in dem Stück «Scouts of the Prairie» auf.

Wildwest-Show-Plakat aus dem Jahr 1893.

Sein Erfolg als Büffeljäger brachte Cody den Beinamen «Buffalo Bill» ein.

Die berüchtigte Calamity Jane um 1895.

Zusammen mit dem Unternehmer und Manager Nate Salsbury produzierte er 1883 seine erste Wildwest-Show. Ein gewaltiges Spektakel mit «echten Westernhelden, echten Indianern und lebendigen Pferden». Der strahlende Held war Buffalo Bill selbst, der das Produkt seiner eigenen Phantasie perfekt in Szene setzte. In der Zirkusarena kämpfte Buffalo Bill gegen kriegerische Indianer und weiße Schurken, er rettete ein schönes Mädchen vor den Banditen, erlegte zahlreiche Büffel, verfolgte eine Postkutsche und kämpfte noch einmal gegen den berüchtigten Häuptling Yellow Hand. Ein Duell, das in Wirklichkeit wesentlich undramatischer verlaufen war: Buffalo Bill, als Scout für die US-Kavallerie unterwegs, hatte den Indianer kurzerhand erschossen. Den Skalp hatte er an seine Ehefrau geschickt, die daraufhin in Ohnmacht fiel und mit der Scheidung drohte.
Martha Jane Cannary, die damals schon behauptete, das Bett mit dem bekannten Westmann zu teilen, hätte bestimmt nicht so empfindlich reagiert. Nicht umsonst nannte man sie «Calamity Jane». Sie brachte die Männer in Kalamitäten und schlug so sehr über die Stränge, daß in jeder Stadt die Tugendliga auf sie wartete. Doch alle Belehrungsversuche blieben erfolglos – Calamity Jane tat, was sie wollte: Sie fuhr mit einem Frachtwagen über die Prärie, ritt als Scout für die Kavallerie und kämpfte gegen die Indianer. In den Saloons krakeelte sie lauter als jeder Mann. Sie soff wie ein Frachtkutscher, prügelte sich mit betrunkenen Cowboys und besserte ihre Finanzen als Prostituierte auf. Eine Frau, die selbst die sensationshungrigen Bürger im Osten der USA nicht in einer Wildwest-Show sehen wollten, während sie aber durchaus begeistert ihre phantasiereichen Abenteuerberichte heimlich unter der Bettdecke verschlangen.

Buffalo Bill in typischer Positur.

Gestalten wie Buffalo Bill und Calamity Jane prägten den Mythos vom Wilden Westen und machten ihn zu einem abenteuerlichen Spektakel, das selbst die britische Königin Viktoria erfreute: Sie lud Buffalo Bill im Jahr 1887 mit seiner Show nach England ein, und ihre Berater wollten wissen, daß die Groschenromane mit den Abenteuern von Buffalo Bill und Calamity Jane sogar auf ihrem Nachttisch lagen.

Thomas Jeier

«Es gibt für mich keine größere Freude, als, das Gewehr in der Hand, über diese rollenden, endlosen Prärien zu galoppieren», so ein begeisterter Ausruf von Präsident Theodore Roosevelt. Noch heute lebt in Menschen wie «Mad Dog» James die Sehnsucht nach einem freien, ungebundenen Leben in der Natur fort.

Die majestätischen Medicine Mountains westlich von Sheridan, Wyoming.

Die Rückkehr der zottigen Riesen: Nachdem die Bisons 1890 fast ausgerottet waren, gelang es nur sehr schwer, die Bestände wieder zu vergrößern. Hier durchquert eine Bisonherde den Yellowstone River.

Dennoch gehören diese Staaten nicht zu den wohlhabenden im Lande. Trockenperioden gefährden die Ernten, die starke Exportabhängigkeit destabilisiert die Preise, und die natürlichen Reichtümer sind schon immer anderswo versilbert worden. Zwar boomt es mancherorts, aber die jeweilige Region hat davon in der Hauptsache nur Strukturprobleme: Die Wasserversorgung, die kommunale Einbindung von riesigen Wohnwagensiedlungen, die Bereitstellung von Dienstleistungen, die Verkehrsbewältigung und die Bekämpfung von Kriminalität sind die größten Probleme. Kein Wunder, daß sich die Ohnmacht der Eingesessenen in regelmäßigen Abständen in der zornigen Rede artikuliert, man sei es leid, Kolonie von Washington und von Wall Street zu sein. Jüngstes Beispiel sind die Viehhalter von Montana, die durch den Tagebau von Kohle wertvolles Weideland verlieren.

Dennoch ist wohl in keiner Region der USA die eigene Vergangenheit so lebendig wie im Indianerland: Hier ist immer noch «der Westen», prägen noch Stetsons, bunte Flanellhemden, breite Gürtel mit kunstvollen Schnallen, Levis und Cowboystiefel das Bild des Alltags. Die sie tragen, sehen sich als Repräsentanten traditioneller amerikanischer Tugenden, wie sie vor allem für die nach Westen wandernde Grenze («frontier») reklamiert worden sind: Selbstbehauptungswille, persönliche Unabhängigkeit, Findigkeit in allen Lebenslagen, Alleskönnertum und nachbarliche Hilfsbereitschaft. «Westerner» gelten als religiös, konservativ, patriotisch und betrachten den Fremden so lange als Freund, bis er sie vom Gegenteil überzeugt. Gewiß, man sollte die Beinamen, mit denen sich amerikanische Städte und Staaten zu schmücken pflegen, nicht überbewerten. Wenn sich aber South Dakota als «Land der Fülle» («Land of Plenty») oder «Sonnenstaat» («Sunshine State») bezeichnet; North Dakota als «Der freundliche Staat» («The friendly State») und Wyoming als «Staat der Gleichberechtigung» («Equality State») – die Frauen erhielten hier bereits 1869, also früher als in allen anderen Staaten, das Wahlrecht –, ist dies allemal ein Hinweis auf das Selbstverständnis der Menschen, die dort zu Hause sind, und deren Verhältnis zum Kosmos.

Montana weist sich gegenüber dem Rest der Welt als «Land des großen Himmels» («Big Sky Country») aus. Das trifft auf alle Präriestaaten der Großen Ebene zu: Landschaft hat hier andere Dimensionen, Himmel und Erde scheinen sich hier näher zu sein als anderswo. Indianerland – das ist das Land, in dem die Atmosphäre von seltener Klarheit ist und die Natur mit ihren Reizen gewuchert hat wie kaum an einem anderen Punkt des Globus. Wer die Wurzeln indianischer Kraft und Ruhe, das transzendentale Erlebnis sucht, das Einssein mit sich, der Schöpfung und dem Schöpfer, in den einsamen Weiten der Großen Ebene und der Berge mag er sie noch finden.

Der Old Faithful Geysir im Yellowstone National Park. Seinen Namen verdankt der «alte Getreue» der Regelmäßigkeit, mit der er etwa alle 80 Minuten eine bis zu 55 Meter hohe Wasserfontäne ausstößt.

Blick vom Artist Point auf die Lower Falls im Yellowstone National Park, Wyoming.

Die grimmigen Winter in Montana machten schon den frühen Siedlern das Leben schwer. Hier der Yellowstone River bei Billings.

INDIANERLAND: PLANEN · REISEN · GENIESSEN

INHALT

Bar-Reklame in Jackson, Wyoming.

ALLGEMEINE INFORMATIONEN

Die Landschaft des Mittleren Westens ist geprägt von der Prärie. Diese Grasflächen erstrecken sich vom Inneren Kanadas bis nach Texas im Süden. Oft ist die Prärie topfeben, dann wieder wölben sich sanfte Hügel bis zum Horizont. Beständig streift der Wind über das Büffelgras. Den Ostrand der Great Plains markiert der Flußlauf des Mississippi, im Westen werden sie begrenzt von den schneebedeckten Rocky Mountains mit steil abfallenden Tälern und Canyons, aber auch grünen Flußauen, in denen Großwild lebt wie in vergangenen Zeiten. Das Klima im Nordwesten ist ein typisches Kontinentalklima (*siehe auch Seite 68*). Im Winter fegen über die weiten Prärien North und South Dakotas arktische Stürme, und von November bis April liegt meist eine dünne Schneedecke über dem Land. Teilweise herrscht strenger Dauerfrost; und in North Dakota fallen die Temperaturen sogar bis unter minus 40 °C.

Die Berge von Wyoming und Montana bieten hervorragende Wintersportmöglichkeiten (*siehe Seite 70*). Frühjahr und Herbst sind in der Region recht kurz, die Sommer immer sehr trocken und warm; dann kann es tagsüber unerbittlich heiß werden.

Montana nennt sich selbst «Big Sky Country», weil hier der Himmel über der offenen Ebene besonders weit zu sein scheint. Im Westen aber prägen die Rocky Mountains mit ihrer wuchtigen Silhouette die Landschaft. Der Reiz dieses Landes ist seine noch weitgehend unberührte Natur: In Montana erwarten den Besucher 6,9 Millionen Hektar Waldgebiet, 1,2 Millionen Hektar Wildnis, zwei Nationalparks, sieben Tierschutzgebiete und 313 Staatsparks. Der junge Staat (Montana wurde erst 1889 in den Staatenbund aufgenommen) ist extrem dünn besiedelt: Auf einer Fläche, die größer ist als die Bundesrepublik Deutschland, leben nur 810 000 Einwohner.

North Dakota liegt genau im Zentrum des nordamerikanischen Kontinents am oberen Missouri. Auf rund 138 000 Quadratkilometern – davon ist nur ein Prozent bewaldet – leben rund 672 000 Einwohner.

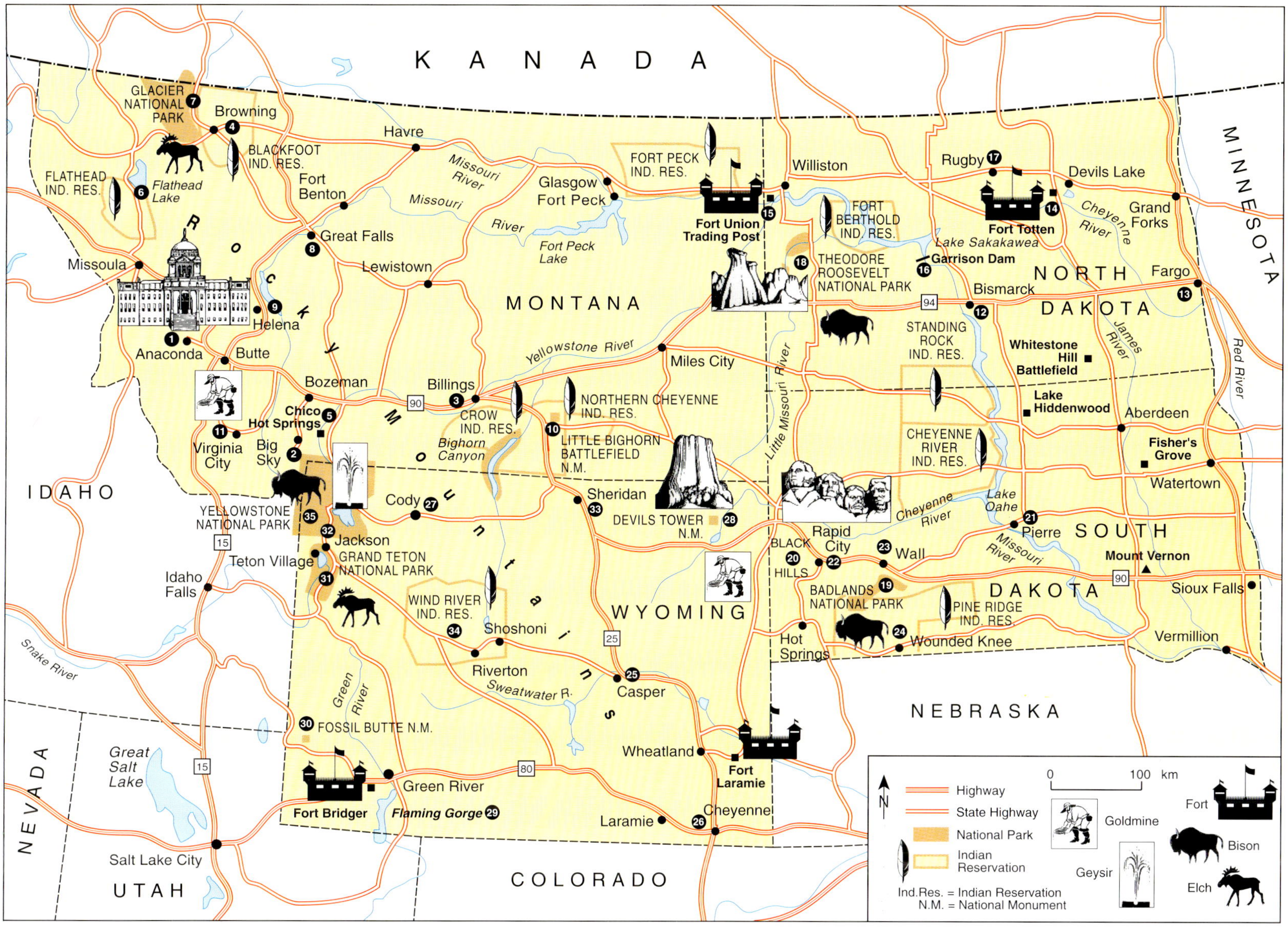

Neben dieser Karte mit allen wichtigen Sehenswürdigkeiten der Staaten Montana, Wyoming, North und South Dakota im Überblick finden Sie eine Karte mit Routenvorschlägen auf Seite 69, eine Detailkarte des Glacier National Park auf Seite 73 und eine Karte des Yellowstone National Park auf Seite 88.

Der »Sioux-Staat« ist heute Land der Weißen – lediglich 20 000 Bewohner (vier Prozent) sind indianischer Abstammung. Landschaftlich teilt sich der Staat North Dakota in das flache Red-River-Tal im Osten mit üppiger Vegetation und bestem Farmland, die sanfte Hügellandschaft der »Drift Prärie« im Zentrum – wegen der vielen kleineren Seen häufig auch »Lake Country« genannt – und das Missouri-Plateau im Südwesten des Landes, durchfurcht von den steilwandigen Tälern der vielen Missouri-Zuflüsse. Hier liegt auch der größte künstliche See der USA, der Lake Sakakawea. Das Klima in North Dakota ist erheblich rauher als im südlichen Nachbarstaat.

Der entlegene Bundesstaat zieht kaum Massentourismus an, Individualisten schätzen jedoch seine Reize: Die unendlich weite Prärie, das Paradies der rund 10 Millionen Wasservögel am oberen Missouri, die Tier- und Pflanzenwelt sowie die überaus freundlichen Bewohner. In diesem Land braucht der Tourist keines der wenigen Hotelbetten zu buchen. Man wird unvermittelt eingeladen, sobald man länger als fünf Minuten an einem Tresen steht.

South Dakota. Im knapp 200 000 Quadratkilometer großen »Sunshine State« leben 710 000 Menschen, etwa soviele wie in Frankfurt am Main, davon sind ein Prozent Schwarze und sieben Prozent Indianer. In South Dakota befindet sich ein Drittel aller amerikanischen (davon drei »offene«) Reservationen für rund 50 000 Indianer, denen rund ein Zehntel der Staatsfläche vorbehalten ist. Die touristischen Hauptattraktionen des Landes sind zwei Naturwunder: Die schroffen Felsspitzen der Black Hills und das Schluchtengewirr der Badlands.

Wyoming. Der »Cowboy-Staat« umfaßt 253 000 Quadratkilometer und zählt mit seinen 470 000 Einwohnern zu den am dünnsten besiedelten Gebieten der USA: Auf einen Quadratkilometer kommen 1,8 Einwohner (Montana 2,1; Dakota 3,5). Die Naturschönheiten des Staates sind in zwei National und zehn State Parks zu finden, herausragende Sehenswürdigkeit ist der Yellowstone National Park. Am 10. Dezember feiert der »Equality State« den »Wyoming Day«, die Einführung des ersten Frauenwahlrechts in einem Staat der USA.

AUSKUNFT

In Deutschland:

Allgemeine Informationen zu Arizona erhält man in allen Reisebüros; detaillierte Auskünfte erteilt das *Fremdenverkehrsamt Rocky Mountains International – Germany* (Für Montana, South Dakota und Wyoming), Scheidswaldstraße 73, 60385 Frankfurt/Main. Telefon: 069 / 4 05 95 73; Fax: 069 / 43 96 31.

In den USA:

Rocky Mountains International (Für die Bundesstaaten Montana, South Dakota und Wyoming), Chuck Box, Director, Box 5031, East 20 Street, Cheyenne, WY 82003. Telefon: 307 / 637 49 77.

Fremdenverkehrsbüro Montana:
Travel Montana, 1424 9th Avenue, Helena, MT 59620. Telefon: 406 / 444 26 54.

Fremdenverkehrsbüro North Dakota:
North Dakota Tourism Promotion, Liberty Memorial Building, Capitol Grounds, Bismarck, ND 58505. Telefon: 800 / 437 20 77 (für Anrufe von außerhalb North Dakotas); 800 / 472 21 00 (in North Dakota).

WAS ZÄHLT IN DEN USA:

Maße und Zahlen auf einen Blick

Zeit

Montana, Wyoming, westliches North und South Dakota: Mountain Time (MEZ minus 8 Stunden); östliches North und South Dakota: Central Time (MEZ minus 7 Stunden).
a. m. = vormittags / p. m. = nachmittags

Maße

1 inch = 2,5 Zentimeter	1 pint = ca. 0,5 Liter
1 foot = ca. 30 Zentimeter	1 quart = ca. 0,95 Liter
1 yard = ca. 91 Zentimeter	1 gallon (Benzin) = ca. 3,8 Liter
1 mile = ca. 1,6 Kilometer	1 pound = ca. 450 Gramm

Elektrizität

Die Netzspannung beträgt überall in den USA 110 Volt; deutsche Stecker passen nicht, man braucht einen Adapter.

Geld

Ein Dollar hat 100 Cents. Münzen gibt es zu 1 Cent, 5 Cents (Nickel), 10 Cents (Dime), 25 Cents (Quarter) und 50 Cents (Half Dollar). Sämtliche Dollarnoten sind gleich groß und grüngrau, also leicht verwechselbar. Größere Beträge werden in den USA fast immer mit Kreditkarte bezahlt.

Kleidergrößen

Anzüge	US	36	38	40	42	44	46	48		
	D	46	48	52	54	56	58	60		
Hemden	US	14	14,5	15	15,5	16	16,5	17	17,5	18
	D	36	37	38	39	40	41	42	43	44
Kleider	US	28	30	32	34	36	38	40	42	
	D	36	38	40	42	44	46	48	50	
Schuhe	US	5,5	6	7	7,5	8,5	9	9,5	11	12,5
	D	36	37	38	39	40	41	42	44	46

Temperatur

°F	°C
110	43,3
105	37,6
90	32,2
80	28,7
70	21,1
60	15,5
50	10,0
40	4,0
32	0
30	- 1,1
20	- 6,6
10	-12,2
0	-17,8

Telefonieren

Telefonnummern in den USA bestehen aus einem dreistelligen *Area Code* und einer siebenstelligen Rufnummer. Für internationale Gespräche wählt man die Kennzahl des Landes (01149 für Deutschland, 01143 für Österreich, 01141 für die Schweiz). Nicht immer kann man direkt wählen, häufig muß der Operator vermitteln (0 wählen). Es ist billiger, von den USA nach Europa zu telefonieren als umgekehrt.

Klima

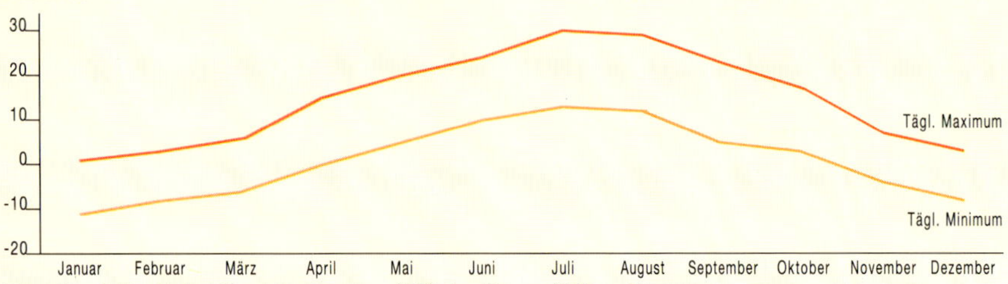

Durchschnittliche Temperaturen (°C) in Great Falls, Montana

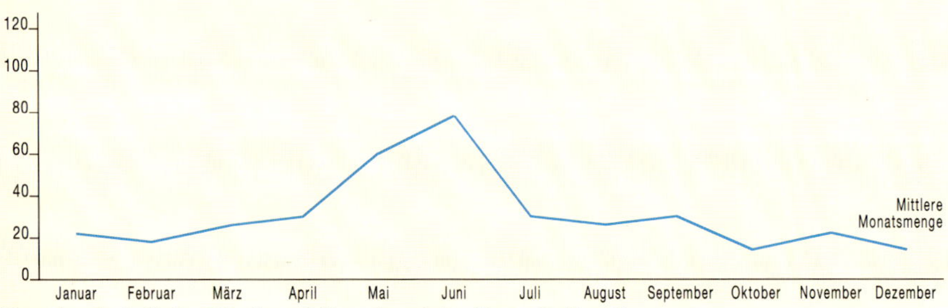

Durchschnittliche Niederschläge (mm) in Great Falls, Montana

Fremdenverkehrsbüro South Dakota:
South Dakota Department of Tourism, 711 Wells Avenue, Capitol Lake Plaza, Pierre, SD 57501-3369. Telefon: 605 / 773 33 01.

Unabhängig reist man mit dem Wohnmobil.

Fremdenverkehrsbüro Wyoming:
Wyoming Travel, 1-25 College Drive, Cheyenne, WY 82002. Telefon: 307 / 777 77 77.

AN- UND EINREISE

Beliebte Ausgangspunkte zu den Staaten im Mittleren Westen sind die Flughäfen Denver (Colorado), Minneapolis (Minnesota), Salt Lake City (Utah) und Calgary (Kanada). Von dort aus gibt es jeweils ein umfangreiches Linienangebot zu den kleineren Flughäfen in Montana, Wyoming sowie North und South Dakota.
Für Ferien- oder Geschäftsreisen bis zu 90 Tagen benötigen Westeuropäer in den USA kein Visum. Reisepaß und Rückflugticket müssen aber bei der Einreise vorgezeigt werden (Änderungen sind möglich, individuelle Auskünfte geben Reisebüros).

UNTERWEGS IM «TIEFEN WESTEN»

Bus. Das Streckennetz verbindet alle größeren und viele kleinere Orte miteinander, und auch weitere Entfernungen können mit dem Bus zurückgelegt werden. Schwierig ist es dagegen, die Natursehenswürdigkeiten zu erreichen. Für ausländische Touristen ist der «Ameripass» besonders günstig, der allerdings außerhalb der USA und vor Reiseantritt gekauft werden muß.

Mietwagen und Wohnmobil. Das Mindestalter zum Ausleihen eines Fahrzeugs beträgt 21 Jahre; neben dem nationalen Führerschein wird oft auch der internationale Führerschein verlangt. Buchungen von zu Hause aus sind preisgünstiger.
Wohnmobile sind beliebt und eignen sich hervorragend zum Erkunden der Landschaft. Als «Recreational Vehicles» (RV) kann man sie bei zahlreichen deutschen Reiseveranstaltern oder auch in allen größeren amerikanischen Städten entlang der Hauptverbindungsstraßen mieten.

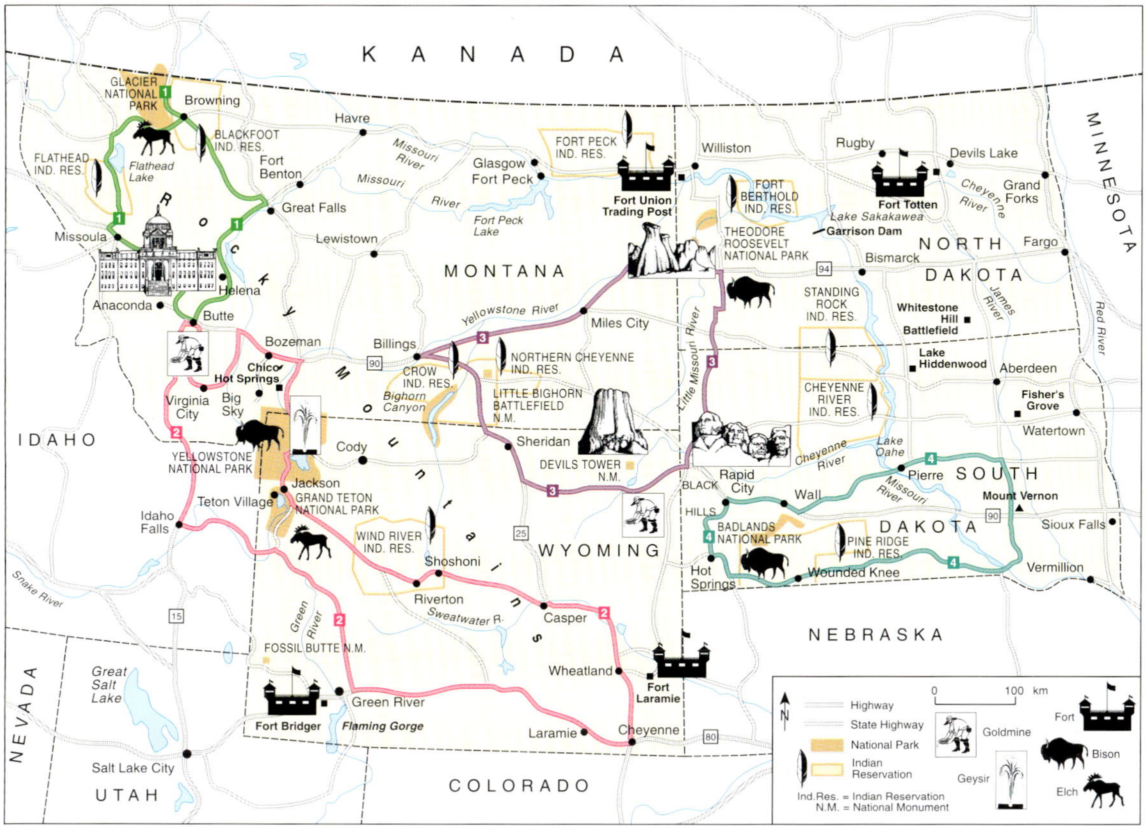

Höhepunkte der Route 1 durch den Nordwesten Montanas sind die Hauptstadt Helena und der Glacier National Park.

Route 2 führt vom äußersten Südwesten Montanas bis nach Cheyenne. Zu den Hauptattraktionen zählen dabei die Nationalparks Yellowstone und Grand Teton.

Route 3 führt durch das Zentrum des Indianerlands: Von der Crow Indian Reservation zum Schlachtfeld Little Bighorn und vorbei am Devils Tower zum Theodore Roosevelt National Park.

Die Black Hills mit den monumentalen Präsidentenköpfen am Mount Rushmore und der Badlands National Park sind die wichtigsten Stationen entlang der Route 4.

Die Verkehrsregeln entsprechen im wesentlichen den europäischen. Auf Interstate Highways sind außerorts 65 Meilen (105 km) pro Stunde erlaubt, auf State Highways 55 Meilen (85 km), in sämtlichen Nationalparks gilt ein Limit von 45 Meilen (70 km) pro Stunde und innerhalb von Orten 25 bis 30 Meilen (40–48 km).

ÜBERNACHTEN: HOTELS, MOTELS UND FREIZEITRANCHES

Hotels. Luxusetablissements der obersten Preisklasse findet man im Mittleren Westen selten – sie würden auch nicht zum natur-

Das Wall Drug Café, South Dakota.

verbundenen, einfachen Leben in dieser Region passen. Die Preise für die Übernachtung in einem Hotel der Mittelklasse schwanken hier zwischen 30 Dollar und 200 Dollar pro Person und Nacht.

Lodges. Wer auf die höchsten Ansprüche verzichtet, ist am besten in diesen meist sehr sauberen Herbergen untergebracht. Lodges werden von großen Gesellschaften verwaltet und überraschen bisweilen durch sensationell niedrige Preise. Dazu wohnt man oft in der besonderen Atmosphäre eines alten Landsitzes oder einer liebevoll renovierten Bergwerksunterkunft.

Motels. Beliebte Bleibe für Autofahrer auf der Durchreise, immer an Hauptstraßen gelegen. Üblicherweise nüchterner Standard, etwas niedrigerer als in den Hotels.

Ranches. Man unterscheidet drei Arten von Ranches: Auf «Working Ranches» sind die Urlauber in den Viehbetrieb integriert, sie schlafen in einfachen Unterkünften und können sich beim Reparieren eines Zaunes oder dem Eintreiben einer Rinderherde als Cowboys fühlen. «Guest Ranches» bieten vielfältige Sport- und Freizeitaktivitäten wie Fliegenfischen, Reiten und Bergwandern an. Man schläft hier meist in gemütlichen Blockhütten. «Resort Ranches» sind fast schon Luxusunterkünfte mit allen Annehmlichkeiten vom Swimming-Pool bis zum Telefon auf dem Zimmer.

Campingplätze. Viele staatliche Campgrounds liegen in State und National Parks, inmitten atemberaubender Landschaftskulissen. Natürlich sind die meisten Plätze eher einfach ausgestattet, doch was sind Whirlpool oder Wasserski gegen die phantastische Lage in Canyons, an Bergseen, bei Wasserfällen oder in Cottonwood-Wäldern?

«BUFFALO BURGERS» UND «INDIAN TACOS»: ESSEN IM INDIANERLAND

Die Prärie-Indianer, die sich vor Ankunft der Weißen in erster Linie von Büffelfleisch und Wild ernährten, leben heute weitgehend amerikanisch: Fast food wird auch von den einstigen Reitervölkern geschätzt. Immer häufiger taucht auf den Speisekarten im Indianerland jedoch auch wieder Bisonfleisch auf – die Büffelherden, vor einigen Jahren noch vom Aussterben bedroht, vergrößern sich wieder. «Buffalo Burgers», im Geschmack Rindfleisch sehr ähnlich, aber leicht süßlich, erfreuen sich allgemeiner Beliebtheit. Ganz und gar unindianisch sind dagegen die preiswerten «Indian Tacos», die oft auf Pow-wows angeboten wer-

Fast-food-Werbung in Helena, Montana.

den. Auch mit der mexikanischen Küche haben sie wenig zu tun: «Indian Tacos» sind fetttriefende Schmalznudeln.

In Montana und Wyoming werden vor allem Steaks gegessen. Die beiden Staaten gehören zu den größten Rindfleischproduzenten der USA. In Cheyenne, Cody oder Billings gibt es exzellente Steakhäuser, und die riesigen Porterhouse Steaks bringen sogar einen ausgewachsenen Cowboy in Verlegenheit. Eine Spezialität der Rocky Mountains sind Fluß- und Bachforellen, die man selbst angeln oder auch in vielen Restaurants bestellen kann. Und für Liebhaber von Lagerfeuer – und Wildwestromantik organisieren viele Ranches ein besonderes Vergnügen: Ein Abendessen am «chuckwagon», am klassischen Küchenwagen der Cowboys, mit Rindfleisch in allen Variationen, Mais, Bohnen und Kartoffeln, im verbeulten Blechteller serviert und mit anschließender Gitarrenmusik am Feuer.

BESUCH VON RESERVATIONEN

Ein Großteil der Indianer lebt noch immer auf Reservationen, dem oft unfruchtbaren Land, das ihnen von der amerikanischen Regierung zur Verfügung gestellt wurde. Die Bedingungen dort sind schlecht – über 50 Prozent der Indianer leben von Sozialhilfe, Alkohol und Arbeitslosigkeit sind ein alltägliches Problem. In letzter Zeit werden jedoch verstärkt von den Indianern selbst Anstrengungen unternommen, durch die Fertigung und den Verkauf von traditionellem Kunsthandwerk ihre ökonomische Lage zu verbessern und durch die Wiederbelebung von alten Zeremonien und Festen das Selbstwertgefühl zu erhöhen. Vor allem die farbenprächtigen Pow-wows mit ihren Märkten und Tänzen sind eine willkommene Abwechslung vom tristen Alltag und ein beliebtes Touristenziel.
Viele Weiße suchen im Indianerland Wildwestromantik und Abenteuerstimmung, und immer mehr zivilisationsgeplagte Großstädter fühlen sich von der scheinbar heilen Welt der Indianer angezogen und wollen die spirituellen Geheimnisse der einstigen Naturvölker erkunden. Die Indianer begegnen diesem Interesse oft mit Scheu und Mißtrauen. Trotz aller Neugier sollte man deshalb Respekt vor der fremden Kultur zeigen, auf den Reservationen Zurückhaltung üben und immer um Erlaubnis fragen, bevor man fotografiert.

SPORTMÖGLICHKEITEN

Angeln. Das Indianerland mit seinen zahlreichen Flüssen und Seen ist ein Eldorado für Angler. In den klaren Gebirgsbächen der Rocky Mountains tummeln sich viele Forellen; und besonders in Montana pflegt man die Tradition des «Fliegenfischens», wie Robert Redfords Filmepos «In der Mitte entspringt ein Fluß» (*siehe Seite 74*) in wunderschönen Bildern zeigt.

Golf. Im Indianerland gibt es etliche Golfplätze, die nicht nur den oberen Zehntausend vorbehalten sind. Golfen ist in Montana und Wyoming vergleichsweise preiswert, viele große Touristenzentren verfügen über Golfplätze.

River Rafting und Kanufahren. In Montana und Wyoming werden aufregende Wildwasserfahrten organisiert, besonders beliebt sind der Flathead River und der Snake River. Rafting-Veranstalter stellen dafür alle Ausrüstungsgegenstände, Schwimmwesten und Verpflegung bereit, das Risiko ist – laut Statistik – gering.
Etwas ruhiger und erholsamer ist eine Fahrt mit dem Kanu, etwa an dem Abschnitt des Snake River, der durch den Grand Teton

Oben: Siedlertreck auf dem Weg nach Westen. Diese Farblithographie aus dem Jahr 1875 ist eine Werbung für den «verläßlichen Schuttlerwagen», wie man auf dem Felsen links lesen kann.

Linke Seite: Pionierfamilie (Foto von 1878).

Rechte Seite: Bilder aus der frühen Besiedlungsgeschichte. Pferdezuchtfarm in Montana (oben), Arbeiter beim Eisenbahnbau (Mitte), Goldwäscher in Dakota (unten links) und stolze Siedler vor ihrer Blockhütte in Wyoming (unten rechts).

Der majestätische Weißkopf-Seeadler.

National Park fließt, oder am Ufer des Yellowstone Lake entlang. Hier kann man im Kanu der Zivilisation entfliehen und fühlt sich inmitten der grandiosen Natur in die Zeit der Trapper und Indianer versetzt.

Wandern. Die Rocky Mountains, vor allem der Yellowstone National Park und der Grand Teton National Park, zahlreiche State Parks und Recreation Areas wie Flaming Gorge, sind ein Paradies für Wanderer. Besonders im Frühling entfaltet die Natur ein farbenprächtiges Bild.

Wintersport. Die Skigebiete der Rocky Mountains in Montana und Wyoming locken mit Pulverschnee und herrlichen Abfahrten, besonders berühmt ist Jackson Hole (*siehe Seite 85*). Eine beliebte amerikanische Alternative sind Snowmobil-Touren durch den Tiefschnee des Hinterlandes.

DIE TIERWELT

Adler. Fischadler («Osprey») und Steinadler («Golden Eagle») kann man sowohl im Grand Teton als auch im Yellowstone und im Glacier National Park beobachten.

Biber. Bei einer Bootsfahrt auf dem Snake oder dem Yellowstone River müßte man die Augen schließen, um keine Biber zu sehen.

Der **Bison** («Buffalo») donnerte einst zu Hunderttausenden durch die Great Plains. Heute ist er fast ausgerottet. Ein paar Tausend der häufig fälschlich Büffel genannten, beinahe prähistorisch aussehenden Wiederkäuer leben noch im Yellowstone und Glacier National Park.

Dickhornschaf («Bighorn sheep»). Einst lebten mehr als eine Million Dickhornschafe im Westen, heute sind es noch rund 20 000. Die genügsamen Tiere ernähren sich von Gras und können mit ihren rutschfesten Hufen ausgezeichnet klettern.

Der **Elch** heißt «Moose» in Nordamerika. Diese Tiere wirken wie Urzeitbewohner, die in den dunklen Wäldern vergessen wurden. In den Nationalparks können die Elche ausführlich beobachtet werden, wenn sie durch Flußauen und Sümpfe stapfen und geruhsam die Köpfe ins Wasser tauchen, um nach Wurzeln zu suchen.

Grizzly. In den USA gibt es heute schätzungsweise noch 900, die meisten davon leben im Glacier National Park. In Alaska und Kanada hält sich noch eine Population von etlichen tausend Exemplaren, doch trifft man auch hier den «kleinen Bruder» des Grizzly, den Schwarzbär, bedeutend häufiger an. Grizzlys fressen fast alles: Blätter, Wurzeln, Beeren und kleine Tiere.

Klapperschlangen («Prärie rattler») scheuen den Menschen – wenn es aber zu einem unerwarteten Zusammentreffen kommt, können sie auch ohne Warnung zubeißen. Hin und wieder sterben Menschen an den Folgen eines Schlangenbisses.

Kojote. Weil der Kojote Haustiere riß, wurde ihm vielfach nachgestellt. Das langandauernde Geheul der Kojoten ist die «klassische» Nachtmusik der Prärie. Die Tiere spielen als «Abfallbeseitiger» und als «Gesundheitspolizei» eine wichtige Rolle.

Possierliches Goldmantel-Ziesel.

Pelikane. Besonders auf Molly Island im Yellowstone Lake findet man zahlreiche Brut-Kolonien der Weißen Pelikane.

Präriehund. Die kleinen, recht zutraulichen Nagetiere bauen sich beeindruckende «Prairie Dog Towns», deren Gänge kilometerlang unter dem Erdboden verlaufen. Vorsicht: Diese Erdhörnchen können gefährliche Krankheiten übertragen.

Den **Trompeterschwan**, einen der seltensten Vögel überhaupt, gibt es nur noch in Alaska und im Yellowstone-Park.

Der **Wapiti** (amerikanisch: «Elk») ist nach dem Moose der zweitgrößte lebende Hirsch. Er kommt heute nur noch in den Rocky Mountains, in Wyoming und im Süden Kaliforniens vor.

Wildpferde sind im Westen eine Seltenheit. «Pryor Mountain Range» bei Lovell in Wyoming ist das erste Gebiet der USA für Wildpferde. Mehr als 200 Tiere leben hier. Zwischen Rawlins und Rock Springs im Süden des Staates können ebenfalls Wildpferde in freier Natur beobachtet werden.

Wolf. Wie dem Kojoten, so wurde auch dem Wolf stark nachgestellt. Im Yellowstone-Park sind sie ausgerottet, doch im Nordwesten des Glacier National Park hat sich jetzt wieder ein Rudel Wölfe angesiedelt.

Schwarzbären trifft man relativ oft.

SEHENSWERTE ORTE UND LANDSCHAFTEN VON A BIS Z

Ziffern im Kreis verweisen auf die Karte Seite 67, kursive Ziffern auf Abbildungen.

MONTANA

Anaconda ①. Die Stadt wurde 1883 vom «Kupferkönig» Marcus Daly gegründet. Noch heute erinnern das kupfergedeckte Dach des *Anaconda County Courthouse*, das *Copper Village Museum and Arts Center* und zahlreiche mit Kupfer geschmückte Häuser an den Reichtum, den das Kupfer einst der Stadt Anaconda brachte. Südwestlich der Stadt erstreckt sich die *Anaconda Pintler Wilderness* mit dem Georgetown Lake und dem Moose Lake.

Präriehunde sind weitverbreitet.

Big Sky ② ist ein Tourismuszentrum und beliebtes Wintersportgebiet (*siehe Seite 85*) im Südwesten Montanas. Hotels und Lodges, fünfzig Ski-Abfahrten, viele Skilifte und Freizeitangebote garantieren Erholungsurlaub auf hohem Niveau. Im Sommer findet der Aktive Abwechslung – zu teilweise ermäßigten Preisen – beim Reiten, Klettern, Golfen und Schlauchbootfahren. Information: Big Sky Ski and Summer Resort, P. O. Box 1, Big Sky, MT 59716. Übernachtungstip: Lone Mountain Guest Ranch, P. O. Box 69, Big Sky, MT 59716.

Billings ③ ist die größte Stadt Montanas (81 200 Einwohner) und wegen der Museen, Galerien, Theater und Geschäfte beliebtes Touristenziel. Billings ist außerdem guter Ausgangsort für Besuche des Little Bighorn Battlefield (*siehe Seite 37*), der Bighorn National Recreation Area und des Yellowstone National Park. Hier finden alljährlich berühmte Cowboyfeste und Rodeos statt: «Yellowstone Exhibition» und «Northern International Livestock Exhibition». Die Geschichte Montanas dokumentiert das *Western Heritage Center*, 2822 Montana Avenue (von Dienstag bis Sonntag, außer in den großen Ferien). Übernachtungstip: Best Western Ponderosa Inn, 2511 1st Avenue North, Billings, MT 59101. *64/65*

Browning ④. Die größte Attraktion der Stadt, des Hauptorts der *Blackfoot Indian Reservation* im Nordwesten Montanas, ist das *Museum of the Plains Indians*, das einen Überblick über Leben und Kultur der Indianer im Kerngebiet Nordamerikas gibt. Einen Abstecher lohnt das 130 Kilometer östlich liegende *Bozeman* wegen seines *Museum of the Rockies*. *16, 46, 51, 55, 75*

Elch im Yellowstone National Park.

Chico Hot Springs ⑤. Die heißen Quellen südlich von Livingston waren den Indianern schon seit langer Zeit bekannt, und auch die Goldgräber nutzten sie zum Baden und Wäschewaschen. Heute fließt das heiße Quellwasser durch die Swimming-Pools einer wundervoll restaurierten viktorianischen Herberge aus dem Jahr 1900, die – drei Kilometer vom Highway 89 entfernt – in einem verträumten Tal des Gallatin National Forest liegt und Gedanken an vergangene Zeiten aufsteigen läßt. Information: Chico Hot Springs Lodge & Ranch, P. O. Drawer D, Pray, MT 59065.

Schneeziegen am Gunsight Pass im Glacier National Park, Montana.

Flathead Lake ⑥. Die Gegend ist einen Abstecher wert, schon allein, um die Ruhe, den Wald und die Tiere rings um das 57 Kilometer lange und bis zu 24 Kilometer breite Gewässer zu erleben. Die Insel *Wild Horse Island* trägt ihren Namen nicht ohne Grund: Hier leben neben Rehwild, Schafen und Adlern auch Wildpferde. Am Südende des Flathead Lake liegt eine von Montanas sieben größeren Reservationen, die *Flathead Indian Reservation*, die etwa die doppelte Fläche Luxemburgs umfaßt.

Der **Glacier National Park** ⑦, eine der Hauptattraktionen für die Besucher Montanas, liegt in der nordwestlichen Ecke des Staats in den Rocky Mountains. Ein Paradies für Tierfreunde, die hierher kommen, um Grizzlybären, Bergziegen, Bighornschafe und Wölfe zu beobachten. Die großartige Landschaft mit bewaldeten Tälern, schroffen Felsen, rund 200 Bergseen, dazu Dutzenden von Wasserfällen und natürlich Gletschern macht den Glacier zu einem einmaligen Erlebnis für Naturfreunde. Die 85 Kilometer lange Hauptstraße «Going-to-the-Sun Road» eröffnet dem Besucher spektakuläre Ausblicke über die einzigartige, immer noch relativ unberührte Szenerie; wer möchte, kann den Park auf Wander- und Reitwegen von über 1100 Kilometern Länge erkunden. Im Norden grenzt der Glacier an den 299 Quadratkilometer großen *Waterton Lakes National Park*, der bereits auf kanadischem Gebiet liegt.
Dreizehn Campingplätze gibt es im Gebiet des Glacier National Park, davon sind zwei ganzjährig geöffnet. Unterkunft: Glacier Park-Lodge, Lake McDonald Lodge, Rising Sun Motor Inn und The Village Inn. Information: Glacier Nationalpark, West Glacier, MT 59936. *8/9, 44, 45*

Great Falls ⑧. Eine Statue erinnert an das Jahr 1805, als Lewis und Clark als erste Weiße die «Great Falls» des Missouri River entdeckten. 1884 wurde an den Wasserfällen die gleichnamige Stadt gegründet, in der heute zahlreiche Museen die Zeit des alten Westens veranschaulichen. Besonders bekannt ist das *C. M. Russell Museum*, das ausschließlich dem Westernmaler Charles M. Russell gewidmet ist, dem berühmtesten Sohn der Stadt Great Falls. *55*

Helena ⑨, die Hauptstadt Montanas, trägt in der Main Street mit vielen Gebäuden aus den siebziger Jahren des vorigen Jahrhunderts seine Geschichte zur Schau. Die neugotische *Kathedrale* von Helena wurde nach dem Vorbild des Kölner Doms errichtet. Das *Governor's Mansion* aus dem Jahr 1888 war bis 1959 offizieller Wohnsitz von neun Gouverneuren des Staates Montana. Sehenswert ist vor allem das *Montana Historical Society Museum*, das die Geschichte Montanas anschaulich dokumentiert. Am Museum beginnt auch eine Stadtrunde durch Helena per Eisenbahn. *69*

PROMINENTEN-DOMIZIL UND DREHORT

Der «tiefe Westen» lockt die Stars

Nicht nur immer mehr Schauspieler fliehen vor dem Starrummel der Metropolen in die Einsamkeit der Berge, auch viele Regisseure entdecken die unberührten Landschaften von Montana, Wyoming und Dakota als neuen Drehort.

Alles nahm seinen Anfang im Jahr 1974, als Kultregisseur Frank Perry («David und Lisa», 1962) den müden Western «Rancho de Luxe» in der Nähe des Paradise Valley in Montana drehte. Damals hatten sich nicht nur der Kameramann William Fraker, sondern auch die Stars Elizabeth Ashley, Jeff Bridges und Sam Waterston in die schöne Landschaft von Montana verliebt. Jeff Bridges war der erste, der der Neigung die Tat folgen ließ: Er kaufte sich ein stattliches Stück Land und

Robert Redford als Regisseur.

baute darauf ein Blockhaus. Ein Jahr später, 1975, folgte ihm die berühmte Fonda-Familie: Peter erwarb 150 Hektar in Paradise Valley, seine Schwester Jane kaufte für sich und ihren finanzstarken Lebenspartner in derselben Gegend gleich drei Ranches, eine davon für ihr Patenkind Bridget, die Tochter Peter Fondas, die heute zu den aufsteigenden Hollywood-Stars gehört. Und das sind beileibe nicht die einzigen. Hier in der Gegend wimmelt es von Prominenten-Refugien. Der «tiefe Westen» reizt die Publicity-müden Hollywood-Stars; New York, San Francisco, Los Angeles sind vielen nur noch zum Arbeiten gut, wohnen möchte man doch etwas idyllischer. Ganz Hollywood scheint nun hier seine Claims abzustecken: «Batman» Michael Keaton, die Sutherlands und Sheens oder Harrison

Michael Keaton auf seinem Pickup Truck.

Szene aus Redfords Filmepos «Aus der Mitte entspringt ein Fluß» (1992).

Ford, der als gelernter Tischler seine Blockhütten bei Jackson Hole selbst baute. Wer die Top-Stars des neuen Hollywood sucht, dort in Montana mag er ihnen begegnen: bei einer Bootsfahrt auf dem Missouri, einem Ritt entlang des Yellowstone oder beim Joggen am Little Bighorn. In der gleichen Gegend haben vor 100 Jahren die Sioux-Oglala ihre Tipis aufgeschlagen und am Missouri Fische gefangen. Am nahen Little Bighorn brachten die vereinten Sioux und Cheyennes 1876 Oberstleutnant George A. Custer eine vernichtende Niederlage bei, die gleichzeitig ihr eigenes Ende einleitete (*siehe Seite 37*). Heute denkt hier kaum einer mehr an diese blutigen Ereignisse; man atmet die frische Luft des weiten Westens, und auch Berühmtheiten wie Jane und Peter Fonda, Robert Redford und Sissy Spacek, die gegen das US-Engagement in Vietnam auf die Straße gegangen waren, genießen hier einfach die Ruhe und freuen sich, von kaum jemandem erkannt zu werden.

Aber das Indianerland wird nicht nur von den Stars als Erholungsgebiet aufgesucht, seit einigen Jahren wird diese Landschaft immer mehr als neuer Drehort entdeckt: Seit Kevin Costner in South Dakota «Der mit dem Wolf tanzt» drehte, der über Nacht zum Kultfilm der Neunziger und ein Kassenschlager wurde, entstehen hier regelmäßig neue Filme. George Pan Cosmatos drehte «Tombstone», Walter Hill «Geronimo», Lawrence Kasdan «Wyatt Earp» und Robert Redford das Filmepos «Aus der Mitte entspringt ein Fluß», eine Hymne an Montana. Costner und Hill gedenken in ihren Filmen dem Schicksal der Indianer: Costner beschwört ihren edlen Charakter, Hill die Gewalt, die ihnen angetan wurde.

Ironischerweise sind es nun die Einwohner, die angesichts des Ansturms von Prominenten und der steigenden Anzahl von Touristen plötzlich die Gefühle der hier früher ansässigen Indianer verstehen, als immer neue Wagenkolonnen weißer Siedler in ihr Land drängten. In den letzten Jahren haben sich die Grundstückspreise vervielfacht. Und – in einem so dünn besiedelten Land wie Montana stört manchen auch schon der Anblick eines einzigen Nachbarn.

Heiko R. Blum

«Um-basax-bilua», wörtlich übersetzt «wo sie Lärm machen», ist der indianische Name der Crow Fair, bei der unter lauter Trommelmusik traditionelle Tänze aufgeführt werden.

Die zur Bemalung verwendeten Naturfarben geben dem Inneren des Tipi ein warmes Licht.

Ein Bild wie aus alten Tagen: Zur Crow Fair in Montana werden bis zu tausend Tipis in drei großen Kreisen aufgestellt.

Blackfoot-Indianer bei den North American Indian Days in Browning. Die Stadt ist der Hauptort der 950 000 Hektar großen Blackfoot Indian Reservation und bekannt für ihr ausgezeichnetes Museum über die Prärie-Indianer.

In South Dakota erwartet den Besucher Kunst in ungewöhnlichen Dimensionen: Die vier Präsidentenköpfe am Mount Rushmore und – noch unvollendet – der Sioux-Häuptling Crazy Horse zu Pferd.

KOLOSSALE KUNST

Mount Rushmore Monument und Crazy Horse Memorial

Den Indianervölkern der nördlichen Ebene galten die Black Hills in South Dakota einst als heilig. Siedlungswütigen Pionieren war der Zutritt seit 1868 durch den Vertrag von Laramie verwehrt. Das alles aber war vergessen, als 1870 dort Gold entdeckt wurde und die Abenteurer in Scharen in die Region einfielen. Daß das weiße Amerika rund 50 Jahre später ausgerechnet hier ein nationales Monument errichten würde, das Werbeleute flugs zur «heiligen Stätte der Demokratie» (*«Shrine of Democracy»*) hochstilisierten, mag als Beispiel dafür gelten, wie sorglos mit den Befindlichkeiten der Ureinwohner Amerikas umgegangen wird. Die Rede ist vom *Mount Rushmore National Monument.*

Das Monument zeigt die aus dem Granit des 2000 Meter hohen Berges gesprengten, gebohrten und gehauenen Häupter der ehemaligen amerikanischen Präsidenten George Washington (1789–1797), Thomas

«Bauarbeiten» am Mount Rushmore.

Langsam zeichnen sich die Konturen des 1947 begonnenen Crazy Horse Memorial ab.

Jefferson (1801–1809), Abraham Lincoln (1861–1865) und Theodore Roosevelt (1901–1909), alles Männer, die sich für die Entwicklung des Staatenbundes besondere Verdienste erworben haben.

Ersonnen wurde das Werk von John Gutzon de la Mothe Borglum. Borglum wurde 1867 in Idaho geboren, der Vater, ein dänischer Einwanderer, war Holzschnitzer, verdiente sich sein Geld aber als Arzt. Der Sohn ließ sich in Nebraska, Kansas, Los Angeles, San Francisco und Paris zum Maler und Bildhauer ausbilden. Zwischen 1895 und 1901 gab es mehrere Borglum-Ausstellungen in London und Paris, wo er als Schüler Rodins gehandelt wurde. 1902 eröffnete er ein Studio in New York.

Eigentlich wollte Borglum seine vier Auserwählten züchtig vom Kopf bis zur Gürtellinie zeigen. Am Ende blieb es zum Glück bei den Köpfen, denn mit Apoll hatte keiner der Herren allzu viel gemein. Bei der Berechnung der Proportionen nahm Borglum Gestalten mit einer Höhe von knapp 180 Metern an. Deshalb messen beispielsweise Washingtons Kopf vom Scheitel bis zum Kinn rund 18 Meter, seine Nase und sein Mund je sechs Meter und die Augen drei Meter. Als Vorlage für die Außenarbeiten hatte der Künstler eineinhalb Meter große Einzelmodelle hergestellt. Jedem Zentimeter auf dem Modell würden 120 Zentimeter an der Bergwand entsprechen. Mit Hilfe dieses Maßstabs wurden am Fels sodann einzelne Punkte, beispielsweise eine Nasenspitze, geortet und das überschüssige Gestein mit Dynamit weggesprengt – insgesamt über 450 000 Tonnen. Mit Unterbrechungen, bedingt durch Geldnot und Wetter, arbeitete Borglum von 1927 bis zu seinem Tode 1941 am Mount Rushmore. Vollendet wurde sein Werk von seinem Sohn Lincoln. Von den Gesamtkosten von 990 000 Dollar trug der Staatenbund 836 000.

Die indianische Antwort auf das, was mancher eingeborene Traditionalist als Frevel empfunden haben mag, fiel eher «amerikanisch» aus. Sioux-Häuptlinge beauftragten 1939 einen ehemaligen Mitarbeiter Borglums, Korczak Ziolkowski, mit der Errichtung eines *Crazy Horse Memorial* nördlich von Custer, South Dakota, zu Ehren des legendären Helden von Little Bighorn. Auf monumentalen 172 mal 214 Metern wollte man Crazy Horse als verwegenen Krieger zu Pferd in Granit verewigen.

Miniatur vor dem «großen» Crazy Horse.

Seit 1947 wird am Thunderhead Mountain unablässig gebohrt, gesprengt und gemeißelt. Besagten Traditionalisten wird es kaum ein Trost sein, daß das Crazy Horse Memorial fast drei Meter höher ist als das Washington Monument in der Bundeshauptstadt und daß bislang – im Vergleich zu Mount Rushmore – mehr als das Achtzehnfache an Gestein abgeräumt wurde.

Ob man die Monumentalbauten wie manche Indianer als frevlerische Zerstörung der Felsnatur betrachtet oder die Größe und Erhabenheit der Skulpturen bewundert, mag jeder selbst entscheiden. Der ältere Borglum wollte seine «sculpture with dynamite» jedenfalls als Kunst verstanden wissen, Dynamit hin, Preßlufthammer her. *Friedrich W. Horlacher*

Little Bighorn Battlefield ⑩. Die Schlacht am Little Bighorn, größtes und gleichzeitig letztes Aufbäumen der Indianer gegen die US-Armee, ist als «Red Sunday» in die Geschichte der Vereinigten Staaten eingegangen (*siehe auch Seite 37*). «Custer's Last Stand» war aber zugleich auch die letzte Stellung für die Indianerstämme, denn im Laufe der folgenden zehn Jahre mußten sie sich schließlich ergeben und sich in die ihnen zugewiesenen Reservationen zurückziehen. *38/39*

Virginia City ⑪. Die Goldgräbercamps von Virginia City und der nahegelegenen Nevada City waren nicht nur für ihre enormen Goldfunde, sondern auch für ihre Bandenkriege und Überfälle berühmt, an denen sich auch der Sheriff beteiligte. In den

Im Theodore Roosevelt National Park.

Saloons fließt noch immer das Bier, und im *Virginia City Opera House* wird noch fast täglich ein Melodram aus dem 19. Jahrhundert aufgeführt. Die *Goldminen* können besichtigt werden, im *Nevada City Museum* wird an die abenteuerliche Zeit im letzten Jahrhundert erinnert. Im Sommer werden die Touristen mit Stunt Shows unterhalten.

NORTH DAKOTA

Bismarck ⑫, die Hauptstadt von North Dakota, nennt sich gern die kälteste Stadt Amerikas. Die 47 000 Einwohner zählende Kommune liegt direkt am Missouri inmitten eines großen Frühweizen- und Viehzuchtgebiets. Mit dem Ölboom Anfang der fünfziger Jahre blühte die Stadt auf und entwickelte sich zu einem wichtigen Handelszentrum. Bismarck ist Verkehrsknotenpunkt und hat einen kleinen Flugplatz. Sehenswert sind das *North Dakota State Museum* und das nahe gelegene *Sakakawea-Denkmal* für die Führerin und Dolmetscherin der Lewis-and-Clark-Expedition. Etwa 15 Kilometer von Bismarck entfernt liegt *Double Ditch Indian Village*, die Ruine eines großen unterirdischen Höhlendorfes der Mandan-Indianer.

Fargo ⑬ ist mit 65 000 Einwohnern die größte Stadt und industrielles Zentrum von North Dakota. Über 9000 Studenten zählt die «North Dakota State University». Bekannt wurde Fargo wegen der rund 30 Casinos auch als «Las Vegas des Nordens». In West Fargo, zehn Kilometer entfernt, lockt *Bonanzaville* mit einer Siedlung aus der Pionierzeit sowie einem Flugzeug-, einem Telefon- und einem Indianermuseum. Die abenteuerlichen Pionierjahre von Fargo werden jährlich am 3. Augustwochenende («Pioneer Days») und im Dezember («Little Christmas on the Prairie») gefeiert.

Fort Totten ⑭ blieb als einziger alter «Outpost» an der Indianergrenze im Originalzustand erhalten. Von anderen legendären Grenzposten an der «Western Frontier», die in der Siedlungsgeschichte des Landes eine wichtige Rolle spielten (*siehe Seite 42*), ist heute oft kaum mehr als der Name des Forts erhalten geblieben.

Fort Union Trading Post ⑮. Bedeutender Handelsposten, der 1829 von Jacob Astor's Fur Company am Missouri River gegründet wurde und sich zu einem wichtigen Treffpunkt für Pelztierjäger, Indianer, Flößer und Händler entwickelte. Das Fort wurde originalgetreu rekonstruiert, und man kann das *Bourgoise House*, das ehemalige elegante Gästehaus, sowie den Handelsposten und die Außenanlagen mit Palisadenzaun und Bastionen besichtigen. *42*

Der **Garrison Dam** ⑯ staut den Missouri zum *Lake Sakakawea*. Der 61 Meter hohe und fast drei Kilometer lange Damm speist ein Elektrizitätswerk und reguliert den Abfluß des Missouri. Durch seinen Bau konnte ein großes Trockengebiet bewässert und nutzbar gemacht werden. Rings um den Lake Sakakawea, benannt nach der indianischen Führerin und Dolmetscherin der Lewis-and-Clark-Expedition, liegen reizvolle Erholungsgebiete.

Ein unglaublicher Formenreichtum zeichnet die Landschaft North Dakotas aus.

Rugby ⑰. Das Städtchen (etwa 3500 Einwohner) wäre kaum erwähnenswert, läge es nicht in der Nähe des geographischen Mittelpunkts von Nordamerika. Darauf weist ein Steinmonument an der Kreuzung des Highway 2 mit der Staatsstraße 3 hin. In der Nähe des Denkmals befindet sich das *Geographical Center Museum and Pioneer Village*. Dieses Freilichtmuseum vermittelt einen guten Eindruck vom Alltagsleben der ersten Siedler North Dakotas.

Der **Theodore Roosevelt National Park** ⑱ im Westen North Dakotas faßt die reizvollsten Teile des Missouri-Plateaus und der «Badlands» von North Dakota, einer unfruchtbaren, von Erosion zerklüfteten Region, zusammen. Hier ist die Landschaft ursprünglich, und die Tierwelt zeichnet sich – auch dank der erfolgreichen Ansiedlung von Wapiti-Hirschen und Bisons – durch große Artenvielfalt aus. Neben Wild und Greifvögeln gibt es einige große Präriehundkolonien. Der dreiteilige Park ist das ganze Jahr über geöffnet, ebenso seine vier Campingplätze. Unterkunftstips: Bad Lands Motel, P. O. Box 198, Medora, ND 58645; Comfort Inn, 493 Elk Drive, Medora, ND 58645. Watford City Inn, P. O. Box 1466, Watford City, ND 58854. Information: Theodore Roosevelt National Park, P. O. Box 7, Medora, ND 58645. *22/23*

SOUTH DAKOTA

Der **Badlands National Park** ⑲ zieht sich als Kette von Zacken und Zinnen über hundert Kilometer lang durch die Prärie South Dakotas. «Mako Shika», schlechtes Land, nannten es die Sioux. Wind und Wasser haben Jahrtausende lang Lehmschichten geschliffen, gehobelt und ausgespült und die härteren Sedimente in bizarren Formen freigelegt. In dem faszinierenden Gebirge finden sich zahlreiche Versteinerungen von Tieren aus dem Tertiär. Der Park ist ganzjährig geöffnet. Unterkunftstips: Cedar Pass Lodge, P. O. Box 5, Interior, SD 57750; Elk Motel, P. O. Box 424, Interior, SD 57750. Information: Badlands National Park, Interior, SD 57750. *34/35*

Hills, die ihren düsteren Namen den Wäldern aus – von ferne fast schwarz schimmernden – Ponderosa-Föhren verdanken, ein Zentrum des Tourismus mit gut ausgebauter Infrastruktur, Besucherzentren, Wanderwegen und vielen Unterkünften.

Sehenswertes in der Region: Das *Crazy Horse Memorial*, acht Kilometer nördlich von Custer, ist die indianische Antwort auf die «Great Faces» der Weißen am Mount Rushmore (*siehe Seite 81*). Die Figur des Crazy Horse, des legendären Sioux-Häuptlings, der 1876 hinterrücks ermordet wurde, schält sich hier als weltgrößte freistehende Statue 172 Meter hoch aus dem Thunderhead Mountain. «Mein Land ist da, wo meine Toten begraben sind!» soll Crazy Horse einem weißen Reporter geantwortet

Jewel Cave (westlich von Custer) und *Wind Cave* (nördlich von Hot Springs) zählen zu den längsten bekannten Höhlen der Welt. 120 Kilometer verwirrender Gänge sind in der Jewel Cave erforscht und kartiert, Experten halten dies jedoch nur für einen Bruchteil des Höhlenlabyrinths. Die im gleichnamigen Nationalpark gelegene Wind Cave hat ihren Namen von dem spürbar ein- und ausströmenden Luftzug, mit dem dieses größte natürliche Barometer der Welt steigenden beziehungsweise fallenden Luftdruck anzeigt. Kundige Führer lotsen Besucher durch die spektakulärsten Teile der Höhlen. Unterkunftstip: Dakota Cowboy Inn, 208 West Mount Rushmore Road, Custer, SD 57730. Information: Wind Cave National Park, Hot Springs, SD 57747.

Spektakuläre Szenerie: Eine Gewitterfront zieht über das Sandsteingebirge des Badlands National Park in South Dakota.

Black Hills ⑳. Das Gebirge an der Westgrenze South Dakotas, eine etwa 100 mal 200 Kilometer große Ellipse, wird von den Stämmen der Sioux als «Paha Sapa», heilige Erde, verehrt. Hier war ihren Urvätern der «Große Geist» erschienen. Ein Indianersprecher beschreibt die Black Hills als «unseren Friedhof, unsere Kirche, das Zentrum unseres Universums und die Wiege unseres Volkes». 1869 hatte ihnen Washington im Vertrag von Laramie die Black Hills als ewiges, unverbrüchliches Eigentum garantiert; dafür hatten die Sioux dem Bau einer Eisenbahnlinie zugestimmt sowie freie Durchfahrt für Weiße gestattet. Als man aber fünf Jahre später in den Bergen Gold fand, war der Vertrag vergessen. 1951 wurde hier Uran entdeckt, so daß nun auch die Atomindustrie an den schwarzen Hügeln Flagge zeigt. Heute sind die Black

haben. So wird der Häuptling, wenn das Monument aus Granit einst fertiggestellt sein wird, mit ausgestrecktem Arm in die Weite der «Great Plains» weisen ...

Im *Custer State Park*, acht Kilometer östlich von Custer gelegen, lebt die größte Bisonherde der USA. Rund 2000 dieser zotteligen Riesen äsen neben vielerlei anderem Wild in der Gebirgs- und Prärielandschaft des Parks. Übernachtungen bieten vier rustikale Gasthauskomplexe: Die State Game Lodge, die Blue Bell Lodge, das Legion Lake Resort und die Sylvan Lake Lodge.

In *Hot Springs* im Süden der Black Hills wurden Knochen 26 000 Jahre alter Mammuts gefunden. Wissenschaftler sind der Ansicht, daß fast hundert der prähistorischen Tiere hier in einem Schlammloch umkamen. Die Ausgrabungsstätte ist das ganze Jahr über zu besichtigen.

Am *Mount Rushmore*, 40 Kilometer südwestlich von Rapid City, sind die berühmten, 20 Meter hohen Köpfe der Präsidenten George Washington, Theodore Roosevelt, Thomas Jefferson und Abraham Lincoln aus dem Fels geschlagen (*siehe Seite 81*).

Pierre ㉑, Hauptstadt South Dakotas, im geographischen Zentrum des Staates nahe des *Oahe-Damms* gelegen. Die 13 000 Einwohner zählende Stadt weist 1000 Motelzimmer aus. Sehenswert ist das *South Dakota Cultural Heritage Center*. Information: Pierre Area Chamber of Commerce, P. O. Box 548, Pierre, SD 57501.

Rapid City ㉒, mit rund 60 000 Einwohnern die zweitgrößte Stadt South Dakotas, dient häufig als Ausgangsort für Touren in die Black Hills und die Badlands.

Das sehenswerte *Geologische Museum* der South Dakota School of Mines and Technology stellt interessante Fossilien und Mineralien aus, die vor allem aus den Badlands stammen. Übernachtungstip: Hotel Alex Johnson, ein Backsteinbau aus dem Jahr 1910, 523 Sixth Street, Rapid City, SD 57701. Information: Convention & Visitors Bureau, 444 Mount Rushmore Road, P. O. Box 747, Rapid City, SD 57709.

Wall ㉓. *Wall Drug* ist in den USA beinahe so bekannt wie die Präsidentenköpfe des Mount Rushmore. Neben Drogerie, Apotheke, Gemischtwarenhandlung und Café besteht «Americas größter Drugstore» aus über 30 Boutiquen, die eine Riesenauswahl an Souvenirs bieten. Dem kostenlosen Eiswasser, das seit der Eröffnung im Jahr 1931 an Touristen auf dem Weg in die Black Hills oder Badlands ausgeschenkt wird und das den Erfolg von Ted Husteads Apotheke begründete, ist die Familie ebenso treu geblieben wie dem Nostalgiepreis für eine Tasse Kaffee: fünf Cents. *69*

Wounded Knee ㉔. Das Massaker an 300 Indianern markierte den blutigen Höhepunkt des dunkelsten Kapitels der amerikanischen Pioniergeschichte: Der Vertreibung, Unterjochung und Ermordung der roten Ureinwohner (*siehe auch Seite 37*).

WYOMING

Casper ㉕. Die ursprüngliche Mormonensiedlung wuchs durch den Eisenbahnbau 1888 zu einer Kleinstadt, die man nach Caspar Collins benannte, einem jungen Lieutenant der US-Armee, der sein Leben für einen verwundeten Kameraden opferte. Auch das ehemalige Fort, das innerhalb der Stadtgrenze originalgetreu nachgebaut wurde, trägt seinen Namen. Im Jahr 1889 fand man «schwarzes Gold», und Casper erhielt den Beinamen «Erdölstadt der Rocky Mountains»; heute werden in zahlreichen Festen und Rodeos Erinnerungen an das letzte Jahrhundert wiederbelebt.

Cheyenne ㉖, Hauptstadt Wyomings mit 50 000 Einwohnern. In der letzten Juliwoche feiert die Stadt alljährlich ihre «Cheyenne Frontier Days» mit dem weltweit größten Freiluft-Rodeo, Indianertänzen, Umzügen und Rummel. Sehenswert sind das *Wyoming State Museum* und das *Union Pacific Railroad Depot*. Einen guten Überblick über Wyomings Tierwelt vermittelt das Visitor Center des *Wyoming Game and Fish Department*, 5400 Bishop Boulevard, Cheyenne, WY 82006.

Cody ㉗. Die Stadt wurde 1901 von William «Buffalo Bill» Cody gegründet und nach ihm benannt (*siehe Seite 56*). Cody kaufte Ranches und Hotels auf, ließ den Shoshone River stauen, rief eine Zeitung ins Leben und organisierte für reiche Europäer Safaris. Das *Buffalo Bill Historical Center* zeigt Westernkunst, eine der größten Waffensammlungen der Welt und eine Ausstellung über die Kultur der Prärie-Indianer. Besonders sehenswert ist die *Whitney Gallery of Western Art* mit Werken von Albert Bierstadt, George Catlin und Frederic Remington. Im Sommer findet in Cody allabendlich ein Rodeo statt.

Devils Tower ㉘ heißt das 264 Meter hoch über der Prärie aufragende National Monument, das einem kolossalen Baumstumpf ähnelt. Der Turm aus erstarrten Magmasäulen ist der Schlot eines Vulkans, dessen äußere, weichere Gesteinsschichten im Lauf der Jahrtausende durch Wind- und Wassererosion abgetragen wurden. Bergsteiger aus aller Welt versuchen auf über 80 verschiedenen Routen, seine imposanten Steilwände zu bezwingen. *89*

Flaming Gorge ㉙. Nördlich der kleinen Stadt Vernal fließt der Green River durch eine zerklüftete Felslandschaft mit tief eingeschnittenen Schluchten. In der *Flaming Gorge National Recreation Area* wird das Wasser zu einem 146 Kilometer langen See gestaut. Das Gebiet gehört zu den landschaftlichen Höhepunkten von Wyoming.

Blick von der Colter Bay des Jackson Lake auf die schneebedeckten Viertausender der Tetons im Grand Teton National Park.

Fossil Butte National Monument ㉚. Wer hier gräbt und klopft, findet früher oder später gewiß ein Fossil von Süßwasserfischen. Das Alter der Versteinerungen wird auf etwa 60 Millionen Jahre geschätzt.

Grand Teton National Park ㉛. Der Park liegt nur wenige Kilometer vom Südeingang des Yellowstone National Parks entfernt. Der Gebirgszug der Grand Tetons steigt unvermittelt bis auf eine Höhe von 4000 Metern aus einem Hochplateau empor. Um die Berge schlängeln sich traumhaft schöne Seen, die von den Gebirgsbächen gespeist werden. Die Flußauen des Snake River sind bevorzugter Lebensraum von Elchen, Wapiti-Hirschen, Gabel-Antilopen, Ottern, Bibern, Trompeterschwä-

SKISPORT IN DEN ROCKY MOUNTAINS

Big Sky in Montana oder Jackson Hole in Wyoming sind nur zwei von den vielen attraktiven und dennoch nicht überlaufenen Skigebieten in der märchenhaften Gebirgslandschaft der Rocky Mountains.

Den Rummel der europäischen Skigebiete hinter sich lassen und stattdessen die Natur genießen – in den majestätischen Berglandschaften von Wyoming und Montana spürt man noch etwas von der grenzenlosen Freiheit, die einst Indianer und Trapper in den Rocky Mountains erwartet hat. Die großen Skigebiete sind gut erschlossen, es gibt Hotels, Restaurants und gepflegte Pisten und sogar der Après-Ski kommt in der ehemaligen Einöde nicht zu kurz. Vor den Hotels wartet jedoch die stille, grandiose Bergwelt, ein zauberhaftes Paradies für Wintersportler. Abseits der ausgetretenen Touristenpfade und der mondänen Wintersportorte ist das Angebot dennoch vielfältig: Verwöhnte Gäste wohnen im luxuriösen Resort mit erstklassigem Service; zivilisationsmüde Urlauber vergessen den Alltagsstreß in einem einsam gelegenen Blockhaus, einer gemütlichen Pension oder auf einer abgelegenen Ranch. Anspruchsvolle Sportler stürzen sich über steile Weltcup-Abfahrten ins Tal, und die Anfänger belegen einen der vielen hervorragenden Skikurse.

Eingeschneite Tannen in Big Mountain.

Talblick in Red Lodge, einem herrlichen Skigebiet im Süden Montanas.

Big Sky, eines der großen Skigebiete im Südwesten Montanas, wartet mit zwei Kabinenliften, einem Dreier-Sessellift und vier Doppel-Sesselliften. Abfahrten in allen Schwierigkeitsgraden und insgesamt knapp 90 Kilometer lang, führen in das malerische Tal. Weitere bekannte Skigebiete sind *Red Lodge* bei Billings, *Bridger Bowl* nördlich von Bozeman und, nur wenige Kilometer vom Glacier National Park entfernt, *Big Mountain*, das mit ebensovielen Abfahrten aufwarten kann wie Vail in Colorado. Aber während letzteres von 1,5 Millionen Skifahrern jährlich frequentiert wird, sind es in Big Mountain nur 250 000! Eine Herausforderung für Könner ist *Snowbowl*, ein kleines Skigebiet bei Missoula. Hier gibt es weder Après-Ski noch Luxusunterkünfte; was zählt, sind die Abfahrten, die sich mit einem Neigungswinkel von über 35 Grad der Senkrechten nähern und, wie der knappe Verweis am Liftzugang sagt, «Extremly difficult», also «extrem schwierig» sind. Keine Wartezeiten an den Liften, keine Rush-hour auf den Pisten und unberührte Natur – das zeichnet alle Skisportorte Montanas aus. Um den feinen Pulverschnee muß man sich ebensowenig sorgen; die Skisaison dauert in Montana von Mitte November bis Ende April.

Berühmtester Wintersportort Wyomings ist *Jackson Hole*, das sich der Tiroler Pepi Stiegler, Slalom-Olympiasieger von 1964 zur Wahlheimat erkor. Im *Grand Targhee Ski Resort*, *Jackson Hole Ski Resort* und der *Snow King Ski Area*, den drei Zentren für Abfahrtsski und Skilanglauf, werden jeden Winter zwölf Meter des legendären Pulverschnees gemessen. Die Abfahrten verteilen sich auf ein riesiges Gebiet mit einem Höhenunterschied von 1200 Metern. Die beiden Gipfel sind mit einer modernen Kabinenbahn erreichbar. Eine Drahtseilbahn verbindet das Teton Village mit dem Rendezvous Mountain, der mit steilen Abfahrten und Tiefschnee auf erfahrene Skifahrer wartet. Bekannt ist Jackson Hole auch für seine hervorragende Skischule unter der Leitung Pepi Stieglers.

Wer einmal keine Lust zum Skifahren hat, kann auf einer organisierten Pferdeschlittenfahrt durch das National Elk Refuge Wapiti-Hirsche beobachten oder ein Snowmobil mieten. In Teton Village und Jackson Hole herrscht abendlicher Trubel, aber das Gebiet ist groß und in den umliegenden Tälern treffen Skiwanderer tagelang kaum einen Menschen.

Montana und Wyoming – «Winter Wonderland» im Indianerland. Ein weißes Zauberland für Wintersportler, sei es mit Skiern oder Schlitten, Snowmobil oder – ebenfalls möglich und immer beliebter – mit Hundeschlitten. *Thomas Jeier*

Tiefschneeabfahrt in Red Lodge.

Bilder aus dem Yellowstone National Park: Der Castle Geysir (oben links), das Midway Geysir Basin (Mitte links); die Mammoth Hot Springs (unten links); das Black Sand Basin (Mitte); neues Grün nach dem großen Brand im Jahr 1988 (oben rechts); das weitverbreitete Bear Grass (Mitte rechts) und violetter Rachenblütler (unten rechts).

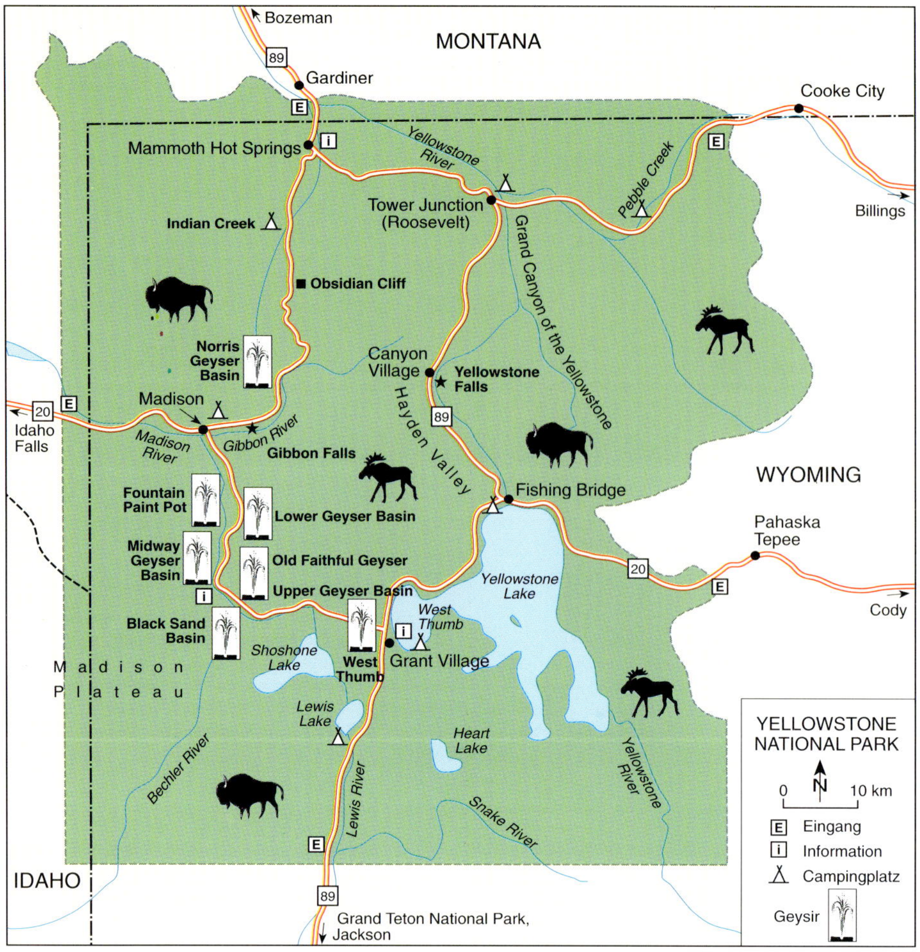

nen, Kranichen und Wasservögeln aller Art, und man kann hier noch Fischadler beim Beutefang beobachten. Im etwa 9600 Hektar großen *National Elk Refuge* überwintert alljährlich Amerikas größte Herde von Hirschen und Rehen – 9000 an der Zahl. Übernachtung: Alpenhof, P. O. Box 288, Teton Village, WY 83025; Inn at Jackson Hole, P. O. Box 328, Teton Village, WY 83025. Information: Grand Teton National Park, Post Office Drawer 170, Moose, WY 83012; Jackson Hole Chamber of Commerce, P. O. Box E, Jackson, WY 83001. *10/11, 84*

Jackson ㉜. Die hübsche Stadt liegt in unmittelbarer Nachbarschaft der Grand Teton und Yellowstone National Parks und lebt vor allem vom Tourismus. Ein vielfältiges Freizeitangebot und ein exzellentes Skigebiet in Jackson Hole (*siehe Seite 85*) verwöhnt die vielen Besucher. Auf dem *Jackson Town Square* wird allabendlich der Wilde Westen lebendig, wenn «Banditen» eine Postkutsche überfallen. *66*

Sheridan ㉝ zählt knapp 17 000 Einwohner und liegt in Reichweite der *Bighorn Mountains*. Im *Trail End Historic Center* sind Ausstellungen über Indianerarbeiten und Westernkunst sowie Möbel aus der Zeit um die Jahrhundertwende zu sehen. Am letzten Juliwochenende begeht die Stadt Sheridan die «All American Indian Days», ein großes Indianer- und Cowboyfest.

Wind River Indian Reservation ㉞. Hier leben rund 4000 Arapahoes und 3500 Shoshones an den Osthängen der Wind River Range; der Hauptort dieser einzigen Reservation Wyomings ist Riverton. Die Dolmetscherin Sakakawea, die die Lewis-and-Clark-Expedition führte, liegt in der Nähe von Lander begraben. Auf «*Singing Horse Tours*» können Besucher die historischen Stätten der Stämme erkunden. Einen Überblick über Kunst und Kultur der Arapahoes und Shoshones bietet das *North American Indian Heritage Center*, bei Castle Garden kann man indianische Felszeichnungen sehen, die auf die Zeit vor der Ankunft des weißen Mannes verweisen.

Yellowstone National Park ㉟. Jährlich kommen über drei Millionen Besucher in das fast 9000 Quadratkilometer große «Zeughaus der Natur», das wegen der 10 000 heißen Quellen, Fumarolen und Geysire als weltweit einzigartiges Naturschauspiel gilt. Der berühmteste unter den Geysiren ist der *Old Faithful*, der regelmäßig seine heiße Fontäne bis zu 50 Meter hoch ausstößt. Das Old Faithful Inn, eines der größten Blockhäuser der Welt, bietet günstige Unterkunft mit Atmosphäre und Blick auf den Geysir (mehrere Monate im voraus buchen!). Als Sehenswürdigkeit ebenso berühmt sind die Kalksteinterrassen in *Mammoth Hot Springs*, das *Norris Geysir Basin* mit dem größten Geysir der Welt und der *Grand Canyon of the Yellowstone*. Eine weitere Attraktion des Yellowstone ist seine Tierwelt: Der Besucher erlebt Wildnis pur, wenn Fischadler Beute ans Nest bringen und Bären baden, während Elche und Wapitihirsche in taufeuchten Wiesen grasen. Im Sommer 1988 brannte ein Drittel der Waldfläche ab, was durchschnittlich alle hundert Jahre geschieht. Daß das Feuer auch gute Seiten hat – es verhindert beispielsweise Epidemien –, zeigt die Ausstellung «Yellowstone & Fire» in Grand Village. Inzwischen hat sich die Vegetation wieder fast vollständig regeneriert. Die Lodges im Park verwaltet: TW Recreational Services Inc., Yellowstone National Park, WY 82190 (Reservierungen sind vor allem in der Hauptsaison ratsam). Information: Yellowstone National Park, P. O. Box 168, WY 82 190. *4/5, 60, 61, 62/63, 86/87*

Ein herrliches Erholungsgebiet – die Green River Lakes im Süden Wyomings.

Um die Entstehung des Devils Tower in Wyoming, einen von der Erosion freigelegten Lavaturm, ranken sich zahlreiche indianische Mythen: So erzählen die Cheyennes, daß ein Felsen aus dem Boden wuchs, um einige Stammesmitglieder vor einem riesigen Bären zu retten. Dieser hätte dann mit den Krallen die tiefen Riefen in den Felsen gekratzt.

Auf dem Missouri bereiste Maximilian Prinz zu Wied schon 1832 den Mittleren Westen.

Fort Union in North Dakota war eine der wichtigsten Handelsstationen am Missouri (siehe Seite 42).

Ein Bisonschädel auf der weiten Büffelgras-Ebene Montanas.

ZUR SCHNELLEN ORIENTIERUNG – STICHWORTVERZEICHNIS

Kursive Seitenzahlen verweisen auf Abbildungen.

Das State Capitol in Helena, der Hauptstadt von Montana.

Am Missouri River, North Dakota.

Das Lewis and Clark Monument in Great Falls, Montana.

TEXTNACHWEIS

Lance Henson, in: Werner Arens, Hans Martin Braun (Hrsg.): Der Gesang des Schwarzen Bären. Lieder und Gedichte der Indianer. München, Beck'sche Verlagsbuchhandlung 1992: S. 1.
Joseph Medicine Crow: Mein Volk, die Krähen-Indianer. Die Stammesgeschichte der Absarokee. München, Diederichs Verlag 1994: S. 30.
Die Artikel über «Buffalo Bill und Calamity Jane» (S. 56) und «Skisport in den Rocky Mountains» (S. 85) schrieb der Journalist und Autor Thomas Jeier. Von dem Filmexperten Heiko R. Blum stammt der Text «Prominentendomizil und Drehort» (S. 74).

BILDNACHWEIS

Archiv für Kunst und Geschichte, Berlin: S. 56 l., M.o. und r., 70/71 o.
Art Resource, New York: S. 31 l.
Bildarchiv Engelmeier, München: S. 74 r.u.
Bildarchiv Preußischer Kulturbesitz, Berlin: S. 18 o., 37 l. und M.o.
Bilderdienst Süddeutscher Verlag, München: S. 70 u.
Buffalo Bill Historical Center, Wyoming: S. 56 M.u.
Wolfgang Bittmann, Heidelberg: S. 8 l., 72 l.o., r.o. und M., 82 r., 83, 84, 86 l.o. und M., 87 o., M. und u.
Udo Bernhart, Langen: S. 69 r., 81 r.
Diederichs Verlag, München: S. 31 r.
Focus, Hamburg: S. 74 o.
Dr. Roger Franz, München: S. 71 o., M., u.l. und r.
Andreas M. Gross, München: S. 66, 68, 72 r.u., Rückseite M.l.
Volkmar E. Janicke, München, S. 86 l.u.
Privates Archiv für Filmkunde, Heiko R. Blum, Köln: S. 74 l.
South Dakota Tourism, Pierre, South Dakota: S. 81 o.
Staatl. Museum für Völkerkunde, S. Autrum-Mulzer, München: S. 18 u.
Travel Montana, Helena/Montana: S. 85 (3).
Wyoming Division of Tourism, Cheyenne, Wyoming: Rückseite l.u.

Alle übrigen Abbildungen stammen von Christian Heeb, St. Gallen.

Der Fotograf Christian Heeb dankt der Swissair für die Hilfe bei der Erarbeitung des Bildmaterials und Holiday Inn Worldwide für die freundliche Unterstützung.

Seite 1: Indianermädchen auf der Crow Fair in Montana.

Die Karten auf den Seiten 66, 67, 69, 73 und 88 zeichnete Astrid Fischer-Leitl, München.

Wir danken allen Rechteinhabern und Verlagen für die freundliche Erlaubnis zu Nachdruck und Abbildung. Trotz intensiver Bemühungen war es nicht möglich, alle Rechteinhaber zu ermitteln. Wir bitten diese, sich an den Verlag zu wenden.

Alle Angaben dieses Bandes wurden von den Autoren sorgfältig recherchiert und vom Verlag auf Stimmigkeit und Aktualität geprüft. Allerdings kann keine Haftung für die Richtigkeit der Informationen übernommen werden. Für Hinweise und Anregungen sind wir jederzeit dankbar. Zuschriften bitte an Verlag C. J. Bucher GmbH & Co. KG, Lektorat, Goethestraße 43, 80336 München.

EDITION USA · TRAUMZIEL AMERIKA
INDIANERLAND: Dakota · Wyoming · Montana

Konzeption: Axel Schenck
Lektorat: Claudia Meßmer, Katrin Ritter
Bilddokumentation: Susanne Ehrenfried
Graphische Gestaltung: Michael Voss
Herstellung: Angelika Kerscher, Inge Mayr

Technische Produktion:
Fotosatz Ressemann, Hochstadt
Oestreicher + Wagner Reproduktionstechnik, München
Grafiche Fover, Verona

Printed and bound in Italy
ISBN 3 7658 1012 6

Christian Heeb, Reisefotograf für Magazine und Buchverlage weltweit. Im Verlag C. J. Bucher u. a. Bildautor von allen Bänden der Edition USA. Er lebt in Bend, Oregon, USA, und St. Gallen, Schweiz.

Friedrich W. Horlacher, 1935 in Ulm geboren, ist Amerikanist an der Universität Erlangen. Zahlreiche Veröffentlichungen über die USA und viele Reisen in die Region. Lebt bei Erlangen.

Matthias Michael ist freier Journalist für Zeitschriften, Rundfunk und Fernsehen mit dem Spezialgebiet USA. Lebt in Hamburg.

WASHINGTON
MONTANA
NORTH D
OREGON
IDAHO
SOUTH DA
WYOMING
NEBR
NEVADA
UTAH
COLORADO
CALIFORNIA
ARIZONA
NEW MEXICO
ALASKA
HAWAII